ID1028160

# Gilbert Richer

Psycholoque

# Par le bout du nez!

La psychologie de l'enfant roi et la compétence parentale

Option Santé
ÉDITIONS

Catalogage avant publication de Bibliothèque et Archives Canada

Richer, Gilbert, 1947-
   *Par le bout du nez! La psychologie de l'enfant roi et la compétence parentale*
   Comprend des réf. Bibliogr.
   ISBN 2-922598-23-3
   1. Enfants difficiles – Psychologie. 2. Éducation des enfants. 3. Parents et
   enfants. 4. Moi chez l'enfant. I. Titre
   HQ737.R52 2005    649'.153    C2005-941669-6


*Par le bout du nez! La psychologie de l'enfant roi et la compétence parentale*
Copyright© 2005 par Yvon Dallaire et Gilbert Richer
Tous droits réservés pour tous pays
1ère édition

Les Éditions Option Santé Enr.
675, Marguerite Bourgeoys, Québec, Qc, G1S 3V8
Téléphone : 418.687.0245 ;
Courrier : info@optionsante.com
Site Internet : http://www.optionsante.com

Mise en page : Chalifour Communications inc.
Illustration intérieure : Pierre Mailloux
Photogravure et impression : AGMV Marquis
Photographie de la couverture : Les photographes Kedl

Dépot légal : 4ᵉ trimestre 2005
Bibliothèque et Archives Canada
Bibliothèque nationale du Québec
ISBN 2-922598-22-5

Distributeurs exclusifs
Pour le Canada : Distribution Les Messageries Agence de Distribution Populaire
Pour la France : ViaMédias Éditions
Pour la Belgique : Diffusion Vander S.A.
Pour la Suisse : Diffusion Transat S.A.

Imprimé au Canada

« À mes deux enfants, Caroline et Étienne,
ainsi qu'à mon épouse, Marielle,
qui m'ont permis chacun à leur façon
le raffinement de ma compétence éducative ».

# Table des matières

# Préface

Avoir des enfants et les conduire jusqu'à l'âge adulte est une entreprise enrichissante et passionnante. Elle est porteuse de joie et chargée d'émotions. Quelque soit l'âge de l'enfant, nourrisson, adolescent ou adulte, les parents sont récompensés par le plaisir de le voir grandir, de le voir changer et par le plaisir de l'activité partagée. Des liens se nouent entre les parents et les enfants ainsi qu'avec tous les membres de la famille. Ils sont dynamiques et interactifs. La relation évolue et des réajustements en fonction de l'évolution des enfants, de celle de chacun des deux parents, du contexte social s'opèrent. Commencée alors que les parents ont la vingtaine et l'enfant quelques mois, voire quelques jours, la relation n'a pas la même dimension, n'implique pas le même registre des échanges que celle qui sera vécue quelques années plus tard alors que les parents approchent la quarantaine, et l'enfant, l'adolescence ou que les parents entrent dans la cinquantaine et que désormais l'enfant est un adulte avec qui on entretient des relations quasi-égalitaires. Pourtant, en dépit de ces modifications, il s'agit bien de la même famille, des mêmes liens, et, somme toute, dans cette entreprise les parents reçoivent autant qu'ils donnent. Le plaisir avec lequel les personnes âgées parlent de leurs enfants et de leurs petits enfants, l'ancrage que cela leur procure constitue un signe sûr de cette permanence des relations lorsque l'éducation de l'enfant a normalement fonctionné et que l'accordage parent-enfant a pu se faire. Il s'agit là d'un capital relationnel et émotionnel précieux qu'il faut savoir faire fructifier.

Ces liens qui se tissent entre les parents et les enfants prennent forme au sein de la société en général, et celle-ci, surtout dans le cas des sociétés modernes, évolue à des rythmes rapides particulièrement depuis ces trente dernières années. Les valeurs et la relation des individus avec leur travail et avec leur habitat se sont considérablement transformées. Les personnes ne s'inscrivent plus dans des logiques d'immuabilité. Les données économiques exigent de la part des individus de la flexibilité, de l'autonomie et de la créativité. Elles demandent des qualités personnelles bien ancrées et l'inscription dans des réseaux souples mais stables, plutôt que l'inscription dans des normes sociales invariables et imposées sans discussion. Les liens familiaux et de couples participent de ces évolutions plus centrées sur l'individu, qui devient la référence, plutôt que sur les convenances sociales et la norme du groupe. La notion même de famille a pris ces trois dernières décennies un sens différent ; elle est régie par des relations plus contractuelles de type affectif fondées sur le désir de vivre ensemble des individus plutôt que sur des normes d'obligation. Les lois qui donnent autant l'autorité à la mère qu'au père, qui permettent que l'enfant porte les deux noms de familles ont accompagné ces changements et les ont formalisés. Au sein même du couple, du fait des évolutions professionnelles et personnelles de deux partenaires, du fait aussi des changements dans leur environnement (changements politiques, économiques, changement des valeurs, des styles de vie), la relation s'est modifiée. Les deux partenaires ayant chacun évolué ont dû s'ajuster à leur propre changement ainsi qu'à celui de leur conjoint. Parfois, il y a eu des séparations et de nouvelles relations se sont construites, mais toujours, y compris lorsque la relation est restée stable, des réajustements ont été nécessaires.

Le lien parent-enfant s'inscrit dans la dynamique des trajectoires familiales. Il est sans cesse à entretenir, créer, recréer. Il n'est pour autant pas égalitaire, les parents en tant que personnes ont quelque avance sur les enfants et ils ont pour mission d'éduquer leurs enfants, c'est-à-dire de leur procurer les ingrédients qui leur sont nécessaires pour se développer harmonieusement, et puisque les enfants n'ont pas encore acquis ni les structures cognitives ni la maturité affective pour comprendre les implications à court et à long terme et les situer dans leur contexte, de les conduire en indiquant et expliquant le chemin. L'éducation des enfants est de fait une entreprise, certes passionnante, mais également exigeante impliquant pleinement la responsabilité des parents et pour longtemps. Les enfants au fur et à mesure de leur développement doivent négocier et renégocier le lien avec leurs parents, acquérir leur autonomie en pleine responsabilité, c'est-à-dire en développant une pensée propre, ils doivent aussi prendre de la distance par rapport à leurs parents tout en maintenant le lien avec eux ainsi qu'avec leurs frères et sœurs et les autres membres de la famille. De nombreux psychologues parlent ainsi de tâches de développement où à chacune des étapes du développement correspondent des habiletés et compétences sociales que les enfants doivent acquérir afin de participer à la vie de la société.

Les parents doivent inciter et accompagner cette démarche d'autonomisation tout en répondant aux besoins de leurs enfants. Ils doivent, en tant que personnes adultes, développer des compétences parentales et celles-ci évoluent en même temps que les tâches du développement de l'enfant ; on parle ainsi des tâches du développement parental. Si la notion de famille a changé, les lois concernant les tâches parentales se sont précisées, particulièrement celles qui concernent l'autorité parentale et qui exigent de la part des deux parents qu'ils se montrent responsables en répondant aux besoins des enfants, en leur procurant bien-être physique, amour et stimulation intellectuelle tout en fixant fermement mais sans violence les règles de la vie en commun et les limites aux fantaisies, rêves et fantasmes des enfants pour les ancrer dans la réalité sociale.

Élever un enfant est un véritable métier, certains n'hésitent pas à dire que c'est le plus dur métier du monde. Avec les évolutions de la société, centrées plus sur les individualités et les relations contractuelles que sur les normes d'obligation, il est devenu fort complexe. C'est plus le rôle de la cellule nucléaire c'est-à-dire du couple que d'élever les enfants que celui du groupe social entier (famille étendue, village). Même l'école, une autre institution sociale chargée d'éduquer les enfants et qui a eu au début dans sa mission de formation à se substituer aux parents, compte désormais comme un élément essentiel de la réussite scolaire. L'environnement social, plutôt que d'édicter des règles, offre par l'intermédiaire des médias de nouvelles informations et de nouvelles stimulations, dont on ne peut nier ni les bienfaits sur le plan des connaissances ni les dangers et les écueils si cette information n'est pas filtrée, commentée et contrôlée. Les parents doivent compter sur eux-mêmes pour former leurs enfants et comme ils élèvent les enfants en fonction de la société dans laquelle ils vivent, on n'élève plus les enfants de la même façon qu'il y a cinquante ans, lorsque la télévision n'était pas dans les foyers et que l'individualité pas autant valorisée ; les repères éducatifs de nos parents ne sont pas tous également valables, même si plusieurs d'entre eux demeurent d'actualité. Les parents se trouvent alors de plus en plus seuls devant leur enfant ou du moins ils sont plus libres de leurs réseaux d'amis et de socialisation. Ce gain de liberté s'accompagne d'une responsabilité personnelle accrue, les parents sont les principaux maîtres d'œuvre de l'éducation de leurs enfants. Et parce que désormais les enfants sont formés pour vivre dans des réseaux souples, mouvants, aux repères moins clairs, la tâche d'éduquer les enfants n'en est rendue que plus malaisée.

Éduquer pour quoi faire ? Quel enfant voulons nous ? Quels citoyens de demain ? Il n'est pas toujours facile entre les différents messages contradictoires renvoyés par l'environnement social de s'y retrouver. Est-on assez libéral ? assez tolérant ? assez ouvert aux nouvelles idées ? assez encadrant ? assez stimulant ? Bref, les questions ne manquent pas. En tant que psychologue clinicien, Gilbert Richer a écouté de nombreux adolescents et adultes qui ont eu à souffrir d'une éducation trop laxiste ou pas assez respectueuse de leurs besoins à leur niveau d'enfant; il a également animé plusieurs groupes de discussion dans des buts préventifs avec des parents et ainsi entendu leurs interrogations et leurs inquiétudes sur l'éducation des enfants dans un monde moderne. Sa longue expérience lui permet de distinguer les effets à court et à long terme des attitudes et pratiques éducatives et de les situer dans une profondeur temporelle très utile dans ce domaine de l'intervention. Dans ce livre, il se propose dans un langage simple, clair et direct, de partager sa très longue expérience de thérapeute et ainsi répondre à plusieurs de ces questions.

Gilbert Richer tente en quatre grands chapitres de sensibiliser les parents à l'éclosion psychique des enfants et à l'importance de se montrer un guide efficace à leur enfant plutôt que de se laisser mener «par le bout du nez». Deux chapitres, le premier et le dernier, sont consacrés aux processus développementaux normaux tandis que les deuxième et troisième abordent deux troubles psychiques, les troubles anxieux et ceux de la conduite, qui représentent ce que l'on peut appeler communément des "enfants gâtés" ou des "enfants rois". Ces exemples cliniques servent à illustrer les conséquences néfastes d'une éducation mal articulée en fonction des besoins de l'enfant dans le contexte des sociétés d'aujourd'hui. De son expérience, Gilbert Richer retient deux dimensions fondamentales du développement de la personnalité de l'enfant qui soulèvent chez les parents bien des interrogations et dont la gestion tout au cours du développement ne va pas toujours de soi à savoir, l'autonomie et l'agressivité. Comment comprendre l'agressivité de l'enfant? N'est-elle pas nécessaire au développement de l'enfant pour qu'il puisse apprendre à se défendre dans la vie, à relever les défis? N'est-elle pas une force vitale nécessaire mais en même temps une force de destruction qu'il faut absolument canaliser si ce n'est pas réduire? N'y a-t-il pas différentes formes et niveaux d'agressivité? Comment s'y retrouver comme parent? Qu'est-ce que l'autonomie pour un enfant de deux ans? Doit-elle se comprendre comme une volonté de prendre possession du monde, de se rendre maître de ses propres moyens voire du monde? Quelles distinctions faire entre l'autonomie et la prise de possession du monde? Doit-on laisser ce petit bout qui s'affirme en s'opposant expérimenter ce dont il a envie? A l'adolescence, comment encadrer la quête d'autonomie de l'enfant sans lui laisser prendre des risques inconsidérés? Ou au contraire le pousser à ce qu'il se prenne un peu plus en charge?

Gilbert Richer tente de montrer à la fois comment s'expriment les besoins des enfants à chacune des étapes de leur développement et quelle réponse parentale donner, quelles compétences parentales développer. Il inscrit ses analyses dans le cadre de la théorie du Moi de Jane Loevinger. Cette psychologue a été une collaboratrice du célèbre psychanalyste Erik Erikson dont les travaux sur les remaniements identitaires à l'adolescence sont extrêmement connus et qui a admirablement montré l'intrication du développement de la personnalité de l'enfant en tenant compte de trois instances, la biologie, l'environnement social et culturel et les processus psychologiques individuels. Comme son maître, Jane Loevinger montre que le développement de la personnalité de l'enfant repose sur une intrication entre la vie pulsionnelle, la vie affective et la vie sociale, laquelle repose sur des processus cognitifs complexes qui permettent à l'enfant de saisir et comprendre la réalité sociale, d'anticiper et se projeter dans la vie. Comme le font les psychologues qui s'inspirent de la psychologie du moi, Gilbert Richer non seulement décrit les processus normaux en jeu mais souligne aussi les embûches possibles en cas de problèmes à cette période et les besoins éducatifs des enfants pour les surmonter. Ces descriptions pour chacune des étapes du développement sont très utiles ; elles permettent de mieux se centrer sur l'enfant et de comprendre les conséquences à long terme des actes éducatifs, et de pouvoir prévenir en agissant à temps sur les difficultés de l'enfant.

Afin d'illustrer plus clairement les conséquences néfastes d'une éducation peu responsable ou faite de petits renoncements aux mauvaises périodes du développement de l'enfant, Gilbert Richer s'attarde plus longuement sur deux troubles psychiques et sur leurs origines sociales. Ces troubles sont parmi les plus fréquents de la psychopathologie de l'enfant à savoir les troubles anxieux et les troubles de la conduite, qui sont deux manifestations d'enfants ici qualifiés d'enfants –rois, ceux qui vous mènent par le bout du nez, qui ont pour des raisons fort différentes quelques difficultés à s'ajuster à la société. Ces deux troubles, s'ils ne s'expliquent pas entièrement par l'éducation parentale et le lien précoce, sont en bonne partie expliqués par eux. Pour ces deux troubles on note une transmission familiale forte, du fait de la génétique ce qui est difficilement évitable mais également pour une très bonne part du fait d'un accordage parents-enfants qui s'est mal enclenché et surtout de pratiques éducatives inadaptées qui viennent renforcer la fragilité de l'enfant. Ces pratiques inadaptées pourraient être évitées, corrigées si les parents avaient conscience des processus du développement de la personnalité de l'enfant, et des besoins, s'ils savaient parfois dépasser leurs propres difficultés. Les troubles anxieux et les troubles de la conduite s'inscrivent très tôt chez les enfants, même si ce n'est souvent qu'à l'adolescence qu'ils deviennent réellement dérangeants. En ayant agi au moment où ces difficultés commençaient à s'installer, les parents et les éducateurs auraient pu éviter à leur enfant quelques difficultés ultérieures.

Dans un but de pédagogie préventive auprès des parents, Gilbert Richer ne se contente pas de décrire et de pointer les difficultés dans l'éducation des enfants, il aide les parents à comprendre l'action éducative et bien la situer. Il consacre le dernier chapitre aux pratiques éducatives et à la psychologie de l'encadrement. Plutôt que des recettes, il cherche à faire comprendre en quatorze règles éducatives les ressorts de l'encadrement ferme mais sans hostilité. Alors qu'il y a plusieurs décennies, les psychologues tentaient de faire comprendre aux parents la nécessité de dialoguer avec l'enfant et d'assouplir les règles de vie à la maison, en laissant plus de liberté à l'enfant, la centration actuelle des sociétés sur l'individualité et l'envahissement des médias en tout genre ont renversé la situation et désormais, de nombreux psychologues s'attardent à faire comprendre aux parents qu'une éducation équilibrée doit combiner l'écoute, la chaleur, la liberté laissée à l'enfant mais aussi l'énoncé de règles claires et la nécessité d'un encadrement. Le dernier chapitre de Gilbert Richer par ses analyses répond parfaitement bien à cette nouvelle situation sociale et ces nouveaux besoins en terme de formation à la compétence parentale.

Dans l'ensemble, ce livre "Par le bout du nez" est un véritable outil de prévention pour les parents des sociétés actuelles. Au cours des quatre chapitres, Gilbert Richer éclaire les parents anxieux sur les processus du développement de l'enfant en terme de besoin d'autonomie et d'expression de son énergie vitale. Il donne des indices pour analyser la relation parent-enfant et comprendre les ressorts de l'éducation. Ces éclairages ancrés à la fois dans une longue pratique de thérapie et par une bonne connaissance théorique des processus psychologiques seront certainement utiles pour que les parents s'assurent de faire fructifier leur bien le plus précieux à savoir le capital relationnel et émotionnel avec leur enfant. Un lien qui, s'il est bien construit, est stable et essentiel dans nos sociétés modernes à l'équilibre psychologique des individus. Les éclairages riches en analyses bien fondées de Gilbert Richer pourront également servir aux divers intervenants chargés de faire du dépistage et de la prévention.

Colette Sabatier
Professeur de psychologie
Université Victor Segalen
Bordeaux

# Introduction

L'avènement de l'enfant-roi n'est certes pas nouveau. Vous conviendrez cependant avec moi que nous avons maintenant affaire à un phénomène social pour le moins inquiétant. Si l'on tient compte des différents aspects perturbés de sa personnalité ainsi que de leurs conséquences fort probables sur sa progéniture, il y a fort à parier qu'il faudra des générations pour replacer le pendule au centre de l'équilibre éducatif.

S'il est relativement aisé de décrire les différents aspects observables de sa conduite et d'en attribuer la responsabilité à toute absence d'encadrement durant les premières années de sa croissance, il en va tout autrement lorsque vient le temps de fournir une explication clinique, à la portée de tous, de la psychologie de son fonctionnement, des différentes plateformes éducatives favorisant le développement de ce type d'enfant, ainsi que des solutions que réclament ses difficultés. Tel est l'objet essentiel de ce livre s'adressant tant aux parents qu'aux personnes oeuvrant dans les milieux de l'éducation et de la rééducation.

« *Par le bout du nez* » s'inspire de l'adage qu'il vaut mieux montrer à pêcher que donner du poisson. Ainsi, même si les différents chapitres contiennent des recommandations concrètes, du genre « voici ce qu'il faut faire dans telle situation », j'ai choisi de vulgariser la psychologie afin de vous permettre l'accès à certaines de ses connaissances sur les principes régissant la conduite humaine ainsi que sur les étapes du développement de l'enfance à la maturité. De la sorte, vous pourrez identifier plus facilement les actions éducatives que peuvent réclamer les multiples situations auxquelles vous confronte inévitablement votre responsabilité éducative et, plus particulièrement, les conduites à éviter sous peine de favoriser le développement de l'enfant-roi. En psychologie comme dans tous les autres domaines, la connaissance confère du pouvoir et c'est ce que cherche à vous donner le contenu de ce livre dans votre action éducative.

Le cadre général de la réflexion proposée s'inspire d'une certaine philosophie de l'éducation. J'estime en effet qu'il nous faut tenir compte de considérations de cette nature si l'on retient qu'un enfant est *avant tout* une conscience naissante et qu'il aura, lors de l'accession à sa pleine autonomie de pensée et d'action au tournant de l'adolescence, la responsabilité absolue de donner à sa vie le sens et l'orientation désirés, tout comme il en est d'ailleurs le cas pour nous tous. «Il n'existe de valeur qu'en fonction de la vie et de la conscience qu'en prend l'individu.»[1]

Le premier de ces paramètres philosophiques a donc trait à l'importance majeure du passage de l'enfant de l'inconscience à la conscience proprement dite. Si l'on a définitivement raison de résumer l'éducation d'un enfant par sa préparation à l'autonomie, on oublie trop souvent le rôle nécessaire et incontournable de la conscience dans toute l'articulation de ce processus. Personne ne peut atteindre son entière autonomie s'il n'est tout d'abord capable de juger seul de sa propre conduite,ce qui implique que l'on doive nécessairement devenir conscient de soi.

L'autonomie comporte bien sûr des degrés de maturité et de profondeur. Pour se nourrir de façon autonome ou pour se vêtir seul, l'enfant n'a nullement besoin d'une conscience de soi ; mais lorsqu'il

---

[1]    Huxley, A. (1958). *Retour au meilleur des mondes*, Plon, p. 40.

aura, au début de sa vie adulte, à modifier certains aspects de sa conduite dans le but, par exemple, de raffiner sa personnalité afin d'accéder à une estime davantage positive de soi ou à une plus grande compétence dans l'intimité, il en aura définitivement besoin. Sans cette conscience de soi, jamais ne sera-t-il capable d'une mise en perspective de sa propre personne. Jamais ne pourra-t-il également accéder au pouvoir qu'elle nous donne tous d'agir sur notre personne, c'est-à-dire de modifier consciemment les aspects de soi que l'on juge devoir l'être. Pour toutes ces raisons et comme vous le verrez, la question de l'accession éventuelle de l'enfant à la conscience ne peut être écartée de toute réflexion portant sur l'éducation et l'autonomie, encore plus lorsque vient le temps de cerner la psychologie de l'enfant-roi.

Le second élément de nature philosophique a trait au rôle central de l'agressivité dans le développement ainsi que dans la gestion autonome de notre existence et ce, de la naissance à la mort. En effet, pour que notre enfant daigne accomplir cette tâche de présider seul à l'orientation ainsi qu'à la gestion autonome de sa vie, il se doit de disposer d'un pouvoir à cet effet, particulièrement lorsque vient le temps de surmonter les obstacles qui paveront les différents moments de sa vie. Nul ne peut donc s'accomplir sans la présence d'une énergie en soutenant l'action, l'orientation et la détermination. « Il faut non seulement admettre la nature agressive de l'homme, mais comprendre à quel point il ne peut se défendre et progresser, prendre conscience de son identité et se libérer de ses frustrations initiales que grâce à ce moteur vital : l'agressivité. »[2]

Comme vous serez en mesure de le constater, d'ailleurs, l'enfant-roi affiche une déficience marquée de la gestion de ses pulsions agressives et se présente aux portes de la maturité avec une conscience de soi la plupart du temps absente. Vous verrez également

---

[1] Storr, A. (1969). L'agressivité nécessaire, Laffont, texte du verso.

que la notion d'agressivité est incontournable non seulement pour la compréhension de l'acte éducatif mais également pour celle des origines de ses difficultés et des solutions qu'elles réclament.

La logique du déroulement des chapitres se fonde tout d'abord sur l'affirmation qu'on ne peut parfaitement saisir la déviance sans un parallèle avec les grandes étapes du développement. Aucun comportement ne peut en effet être taxé de déviant que s'il n'est avant tout mis en parallèle avec ce qui ne l'est pas. C'est pourquoi le livre débute avec la présentation des grandes étapes du développement dit «sain et normal». Ce premier chapitre vous permettra l'acquisition de connaissances sur les stades de développement de l'enfance à la maturité, particulièrement en ce qui concerne l'identification du moment critique où se décide la poursuite ou non du développement de l'enfant-roi, soit vers l'âge de 4 ans. Vous serez donc en mesure de saisir ici les grands objectifs de l'éducation et de vous prémunir grandement contre toute possibilité de «fabriquer» ce type d'enfant.

Le chapitre 2 présente les caractéristiques de sa psychologie. Vous verrez qu'il existe en fait deux types d'enfants-rois, que chacun arbore un fonctionnement radicalement différent, voire opposé, et que les difficultés de l'un risquent d'être telles qu'elles deviendront pratiquement insurmontables si des correctifs éducatifs ne sont pas appliqués avant son accession à la puberté, particulièrement lorsque l'agressivité de l'enfant est intense.

Ce deuxième chapitre est probablement le plus exigeant pour vous, compte tenu qu'il cherche à vous transmettre les connaissances nécessaires à la description ainsi qu'à la compréhension de la psychologie de l'enfant-roi et des solutions à ses difficultés. Cependant, c'est ici que vous aurez l'occasion de raffiner grandement votre compétence parentale et de vous outiller dans vos correctifs éducatifs en présence de ce type d'enfant.

Comme parents, notre première responsabilité est d'offrir une plateforme éducative permettant à notre enfant la découverte puis la maîtrise de son plein potentiel d'être, ainsi que sa préparation à la socialisation. Comme certaines de nos actions risquent plutôt, sans que nous le sachions véritablement, de contribuer au développement d'un enfant-roi, il devient donc important de cerner les différentes facettes de notre fonctionnement personnel si nous voulons éviter qu'une telle situation se produise ou si nous désirons apporter les correctifs requis en situation de difficultés.

C'est pourquoi le chapitre 3 vous permettra l'identification de plusieurs aspects de la psychologie parentale jouant un rôle déterminant dans l'avènement de l'enfant-roi. Son objectif essentiel est bien évidemment de vous offrir l'occasion de faire le point sur vous-mêmes, plus particulièrement en ce qui concerne les caractéristiques de votre vie affective pouvant contaminer à votre insu et malheureusement votre capacité éducative.

Finalement, comme mon objectif est de vous permettre non seulement de saisir les pleines dimensions entourant la psychologie de l'enfant-roi, mais également de vous outiller dans le raffinement de cette compétence parentale qui vous tient à cœur, le dernier chapitre vous offre une réflexion sur l'importance cruciale de l'encadrement. Il y est question en premier lieu des différents facteurs contributifs à un encadrement de qualité, puis, dans un second temps, des dangers liés à tout encadrement répressif. Nous terminerons par les écueils auxquels fait habituellement face tout redressement de l'encadrement en présence d'un enfant-roi.

J'aurai bien évidemment recours à de nombreuses situations vécues afin de vous permettre une lecture concrète ainsi qu'une assimilation de qualité des connaissances que je tente de vous transmettre après trente années d'intervention clinique. Si j'ai modifié à l'occasion quelques faits, c'est par souci de m'assurer d'un parfait anonymat des personnes. Nonobstant ces modifications, tous les faits demeurent rigoureusement fidèles à la réalité, même si parfois vous aurez probablement de la difficulté à reconnaître que de telles situations puissent être vécues.

## Remerciements

Je tiens à remercier vivement ceux et celles qui ont eu la générosité d'accepter de faire partie de mon comité de lecture et de me partager leurs commentaires et suggestions : Christine Laporte, mère et ex-employée d'un Centre de la petite enfance (garderie subventionnée par le gouvernement du Québec), Anne Mimeault, infirmière en obstétrique, Mireille Cossette, mère, Isabelle Clément, enseignante, Francis Morin, directeur d'école, et mon épouse, Marielle Boisvert. Grâce à eux, nul doute que *Par le bout du nez* s'est rapproché de ses objectifs et je les en remercie profondément. Un merci tout particulier va à Madame Louise Langevin, dont la patience et l'amour de l'écriture ont permis le raffinement du texte.

# 1

# Les stades de développement du moi

*L'enfant n'est pas un vase que l'on remplit,*
*mais un feu qu'on allume.*

Alain

Au même titre que les différentes parties de notre corps, tous les aspects de notre personnalité traversent des stades de maturation pour nous conduire aux portes de l'autonomie et de notre capacité de vivre en relation avec les autres. Avant de considérer un à un ces différents stades du développement de la personnalité et de parvenir à l'identification précise de celui qui ouvre la porte aux perturbations dont souffrira l'enfant-roi, il est important de bien saisir la notion du «moi».

Pour ceux et celles peu familiers avec cette appellation, disons en substance qu'il s'agit de la composante de notre personnalité responsable de la gestion des relations entre notre vie intérieure, avec tous ses besoins, pulsions et désirs, d'une part, et d'autre part les exigences émanant de la réalité extérieure. Cette fonction, absente à la naissance et responsable de l'efficacité de toute adaptation, se développe par contre assez tôt. Elle apparaît dès les toutes premières relations avec le monde extérieur pour s'intensifier par la suite et au fur et à mesure de la rencontre avec les exigences parentales, lesquelles contraignent l'enfant à freiner certains aspects de sa conduite. Et ce sont ces résistances qui obligent l'enfant à un apprentissage du contrôle graduel de soi. Le «moi» possède donc deux responsabilités majeures: le contrôle ainsi que la régulation de toute satisfaction des besoins, désirs et pulsions.

Ainsi, sachez que chacun des gestes que vous posez, chacune de vos permissions ou interdictions ont pour effet le développement du moi de votre enfant. Par ces actions, vous façonnez sa capacité future de se gérer adéquatement et de s'adapter de façon efficace ou non. La résolution positive ou négative de chacune des étapes de la maturation de la personnalité humaine dépend donc des décisions prises par le moi, dont le développement de l'équilibre et de l'efficacité dépend en premier lieu de votre action parentale.

Afin de bien saisir les multiples facettes de la psychologie de l'enfant-roi, il faut d'abord et avant tout considérer le développement des pulsions agressives ainsi que l'accession à leur contrôle éventuel. C'est en effet le succès de cet apprentissage qui permet l'accès à la maîtrise sur soi et sur sa vie, à la capacité de vivre en groupe, à l'empathie, ainsi qu'à une morale et une conscience de qualité.

Les difficultés éprouvées par l'enfant-roi dans le contrôle de ses pulsions agressives sont le socle sur lequel viendront s'ériger les autres caractéristiques de sa personnalité. À cet effet, lors de la présentation de la psychologie de l'encadrement au chapitre 4, nous examinerons en détails les différents niveaux de pouvoir caractérisant la manifestation de l'agressivité, ainsi que la limite idéale devant être imposée. Mais tout d'abord, considérons une à une ces étapes de la croissance dans le cadre d'un développement dit «sain et normal» de la naissance au stade du jeune adulte, ce qui permettra non seulement le raffinement de vos connaissances de base en éducation mais également l'identification de certaines difficultés potentielles lorsque les règles permettant le passage à chacune de ces étapes ne sont pas pleinement respectées. Ainsi, plus particulièrement en ce qui concerne l'enfant-roi, vous pourrez clairement cerner la «mécanique affective» responsable de l'arrêt total de sa croissance vers la maturité. Pour ce faire, je m'inspire ici de la nomenclature des stades de développement du moi de la théorie de Jane Loevinger[1].

## L'autisme (de la naissance à environ 6 mois)

Précédé du stade présocial de la vie intra-utérine, l'autisme définit l'état initial à la naissance. Il se caractérise tant par la présence du pouvoir et de la liberté d'être que par l'absence de toute différentiation entre le soi et un monde extérieur ne possédant aucune existence pour l'enfant ; tout se passe donc comme s'il évoluait dans sa propre bulle, sans «conscience» ni de sa propre personne ni d'autre chose que lui-même. Guidé exclusivement par ses besoins, désirs et pulsions, avec un cerveau pratiquement inactif sauf en ce qui concerne la gestion des principales informations vitales, le moi demeure au service exclusif de leur satisfaction immédiate dans un principe de plaisir dominant. *L'enfant naît donc roi!*

Cette notion de principe de plaisir est d'une grande importance dans la compréhension de la conduite de l'enfant-roi compte tenu qu'elle demeurera centrée sur ce principe de façon exclusive. C'est pourquoi il importe que nous nous y arrêtions quelque peu. Cette appellation signifie essentiellement que l'enfant ne possède aucun seuil de tolérance à la douleur physique et que tous ses besoins, de quelque nature qu'ils soient, doivent trouver leur satisfaction immédiate sans qu'aucun délai ne puisse être toléré. Tout retard de satisfaction entraîne une réaction immédiate d'intolérance et de frustration, dont l'intensité augmente jusqu'à leur satisfaction. Vous aurez d'ailleurs

---

[3]   Loevinger, J. (1976). *Ego Development: Conceptions and Theories,* Jossey-Bass.

noté qu'au-delà d'une certaine frustration, tout se passe comme si l'enfant s'engageait dans une perte de contrôle intense au point où rien ne peut le ramener. Par exemple, un enfant dont on a retardé significativement la satisfaction de sa faim au-delà d'un certain temps verse dans un état de frustration et de colère tel que même une cuillerée de nourriture déposée dans sa bouche grande ouverte de colère n'aura aucun effet d'élimination de la réaction en cours.

Ce principe de plaisir *devra* éventuellement subir l'opposition d'un second principe, celui de la réalité. Acquis durant les premières années de croissance, ce dernier oblige l'enfant à l'apprentissage ainsi qu'à l'assimilation des exigences émanant de tout ce qui est extérieur à lui, pavant de ce fait la voie au développement ultérieur de la conscience des autres et de sa socialisation. L'acquisition de ce principe de réalité doit conduire l'enfant à l'acceptation que tous ses besoins, désirs et pulsions ne peuvent être satisfaits en tout temps et en tout lieu, parce qu'il y a ceux des autres, et donc que la satisfaction de certains doit être retardée ou carrément réprimée.

*C'est par l'intermédiaire de l'accession à ce principe de réalité que s'acquière la conscience éventuelle d'un « autre que soi », ouvrant la porte à l'acquisition du respect, de l'empathie et ultérieurement de la capacité d'aimer.* Le développement de ce principe de réalité dépend bien sûr de notre action parentale, compte tenu que c'est par les outils éducatifs de la restriction et de la permission que nous conduisons notre enfant à son apprentissage. Nous verrons plus particulièrement que cet encadrement ne doit pas s'articuler avant l'âge de deux ans, au plus tôt, et que le contrôle de soi dont il vise l'induction doit être acquis au plus tard vers l'âge de 4 ans.

En attendant que la croissance de notre enfant offre les conditions autorisant notre action disciplinaire auprès de lui, l'aspect essentiel de cette phase du développement se résume pour lui à recevoir et pour nous, à donner. On ne doit et on ne peut que donner à cette période de la vie. On ne peut et on ne doit rien exiger. Plus l'enfant recevra, plus il pourra devenir ultérieurement un donneur d'affection et de tendresse, sachant ce que donner procure. Cette période de réceptivité est importante au point où des recherches en neurophysiologie démontrent clairement que des parties précises du cerveau de l'enfant ne se développent pour ainsi dire pas s'il n'est pas touché, caressé.

Par cette action de donner, nous générons en l'enfant l'émergence de sensations agréables. Il *capte* intuitivement que l'expression de ses besoins est suivie de leur satisfaction et qu'il n'est donc pas dangereux d'agir ainsi, d'être véritablement soi, en vertu de la réaction circulaire suivante : l'enfant s'exprime librement à ses parents, lesquels, dans leur réaction positive, provoquent en l'enfant des sensations agréables l'informant de poursuivre. La boucle est ainsi bouclée.

**À RETENIR POUR CETTE PHASE DU DÉVELOPPEMENT :**

> L'enfant se présente au monde avec le pouvoir et la liberté d'être.

---

> Dirigé par un principe de plaisir dominant, sans aucune tolérance à la frustration et au report de la satisfaction de ses besoins, désirs et caprices, il ne peut et ne doit que recevoir.

---

> Sa dépendance, son immaturité ainsi que sa totale vulnérabilité interdisent toute exigence de notre part et nous confinent à la satisfaction totale de ses besoins.

---

> En étant attentif à ses besoins et en agissant de façon à les satisfaire, nous permettons la naissance de sensations agréables à l'intérieur desquelles il fait l'apprentissage intuitif du confort et du bien-être lié au fait d'être librement soi.

# La symbiose (de 6 mois à 2 ans)

Le début de la période de symbiose, terme signifiant fusion, émerge vers l'âge de six mois avec la disparition du sourire réflexe, lequel laisse maintenant la place au sourire volontaire au fur et à mesure du développement du lobe occipital de son cerveau (le développement du cerveau s'effectue de la partie arrière vers l'avant, du lobe occipital au lobe frontal), permettant dès lors une reconnaissance de la mère, ou de son substitut, et l'apparition de l'empreinte affective («imprinting»), phénomène analysé notamment par Konrad Lorenz dans ses études sur la psychologie animale.

À cette période de la vie, la fusion avec la mère est absolue dans le sens où il n'existe encore aucune différenciation entre elle et lui. Tout se passe donc comme si la mère et l'enfant ne faisaient qu'une seule et même personne dans une même enveloppe, d'où l'appellation généralement reconnue de «fusion symbiotique». Au fur et à mesure du développement de sa vision et de son autonomie éventuelle, l'enfant devient enfin capable d'une différentiation entre le moi et le non-moi, entre ce qui est lui et ce qui ne l'est pas, débouchant ainsi sur une perception graduelle de la mère en tant que personne différente de lui-même et appartenant au monde extérieur. Toutefois, l'enfant demeure incapable à cet âge d'une image mentale de sa mère en son absence : il n'a pas encore acquis ce que la psychologie nomme la constance de l'objet.

On voit d'ailleurs des manifestations concrètes de cette phase du développement lorsque, par exemple, la mère disparaît derrière un mur pour réapparaître ensuite ; on peut observer alors une certaine agitation de l'enfant ou des pleurs, dans certains cas, puis la disparition de ces réactions dès que la mère réapparaît dans son champ visuel. L'enfant s'agite alors pour arborer un rictus ou un sourire, signe de sa reconnaissance et du retour de son sentiment de sécurité. Une autre manifestation voit le jour en présence d'étrangers; inquiet devant ces figures qu'il ne connaît pas, il cherche du regard la figure correspondant à celle de sa mère pour tendre vers elle afin d'y trouver réconfort et sécurité. Au début de ce stade du développement, l'enfant ne reconnaît pas tellement sa mère comme telle, mais plutôt une forme familière et connue sous le nom allemand de «Gestalt».

La *qualité* ainsi que la *stabilité* de ce lien d'attachement sont d'une importance majeure pour toute accession future à l'équilibre personnel, pour l'acceptation et l'ouverture sur la réalité ainsi que pour le développement de sa capacité d'attachement ultérieur, particulièrement dans la relation de couple. La plupart des enfants subissant la rupture de leur relation avec la figure maternelle en bas âge tendent au développement de difficultés d'attachement non seulement à l'âge adulte, mais également dans l'enfance alors qu'ils deviennent submergés par l'angoisse de séparation. C'est lorsque cette angoisse est suivie par le désespoir que certains enfants deviennent grandement affectés et le plus souvent de façon permanente. C'est la raison pour laquelle des hôpitaux spécialisés dans les soins aux enfants en bas âge ont convenu de dispositions permettant de plus en plus la présence de la mère lors des séjours d'hospitalisation de l'enfant, comme les Centres mère—enfant du Québec. Ce séjour accompagnateur a pour objet précis la préservation du lien tissé avec la mère lors de cette phase cruciale du développement et des conséquences dangereuses de sa rupture, notamment le refus de se nourrir au point où leur vie peut devenir menacée, ou sa régression vers l'autisme alors que l'enfant refuse toute relation avec le monde extérieur pour préférer demeurer seul et en sécurité dans son monde à lui.

C'est également au cours de cette période que l'enfant accède au langage articulé, bien différent du mimétisme à l'intérieur duquel l'enfant se contentait plus ou moins de l'écholalie, c'est-à-dire la simple répétition des sons entendus. Par le développement de son contrôle moteur, il apprend aussi à marcher, lui permettant la pénétration puis la découverte de l'espace autour de lui, ainsi qu'une capacité minimale de distance avec sa mère, pour autant qu'il se sente en sécurité et que celle-ci veuille bien faciliter cette étape du développement.

Il importe ici de prendre conscience que, de nos jours, il est de plus en plus fréquent de noter une différence d'attachement entre les parents affectifs et biologiques. En effet, nombreux sont les patients témoignant d'un deuil davantage marqué pour un oncle ou un des grands-parents, par exemple, que pour leurs propres géniteurs. La cause en incombe le plus souvent aux conséquences de la dynamique toxique de certaines familles, comme en fait foi l'exemple de ce jeune homme de 23 ans dont j'ai réalisé l'expertise psychologique pour la cour.

Issu d'une famille dont la dysfonction est assurée par un père alcoolique, maniaco-dépressif et dominant à souhait, ainsi que par une mère soumise enjoignant ses enfants au « respect » des besoins de leur père, il obtient un congé de maladie de trois semaines, suite au décès de l'une de ses tantes ; les raisons invoquées sont liées à la présence d'une humeur dépressive, accompagnée de pleurs et de sanglots qu'il parvient difficilement à retenir. Comme la nature ainsi que l'ampleur d'une telle réaction m'apparaissent « suspectes », compte tenu qu'il ne s'agit tout de même que d'une tante, j'investigue l'historique de cette relation ainsi que les origines d'un tel lien d'attachement pour découvrir assez tôt que cette tante correspond en fait à la mère affective de ce jeune homme.

En d'autres termes, sa tante était devenue sa « maman ». L'analyse démontre en effet la présence d'une crainte morbide des réactions violentes du père, crainte dont l'intensité continue d'ailleurs de le paralyser dans ses relations avec celui-ci, et l'absence de tout sentiment d'appartenance à sa famille d'origine. Cette crainte ainsi que la profonde déception engendrée par la relation avec sa mère l'ont conduit à passer ses journées entières chez cette tante dont l'affection et l'accueil inconditionnels généraient en lui des sensations suffisamment intenses et agréables pour qu'il en vienne à se sentir «chez lui» et davantage aimé par elle. Ces réactions de nature affective l'ont ainsi conduit au développement d'une relation maternelle avec sa tante, créant dès lors une séparation avec sa propre mère biologique ; c'était là l'explication de l'intensité de son deuil : sa mère affective, sa «maman», venait de mourir.

À titre d'information et pour votre bénéfice, il est intéressant de noter ici l'utilisation de cette appellation de symbiose dans la description d'un certain type de couple, à l'intérieur duquel les deux conjoints arborent une fusion de dépendance affective réciproque et absolue telle qu'elle correspond à une incapacité chez chacun d'exister et de s'assumer sans la présence de l'autre. Ce type de couple, où chacun tend à interpeller l'autre par les expressions de «papa» et «maman», est pathologique dans sa dynamique, mais non moins satisfaisant et sécurisant pour chacun des partenaires qui ne développent pour ainsi dire pas de relations d'amitié indépendantes du couple. D'ailleurs, il est fréquent que le décès de l'un soit rapidement suivi de celui de l'autre.

À cette période du développement, l'enfant demeure bien évidemment impulsif, compte tenu de l'absence de toute gestion adéquate de ses besoins de satisfaction et de son incapacité à tolérer la frustration. Son appétit pour la découverte du monde extérieur continue de s'accroître et l'intensité de ses réactions impulsives devant les obstacles se dressant devant lui présage habituellement ce que sera sa puberté, particulièrement si nous sommes en présence d'un enfant-roi.

## À RETENIR POUR CETTE PHASE DU DÉVELOPPEMENT :

> Au fur et à mesure du développement de sa vision, l'enfant découvre que sa mère fait partie d'un monde extérieur à lui.

> Il ajoute la parole au son, lui permettant de raffiner l'expression de sa vie intérieure et des besoins qu'elle recèle.

> Par le développement de la reptation puis de la marche, l'enfant découvre graduellement l'espace environnant. Il s'agit là de la première manifestation de sa lente séparation avec sa mère.

> Les réactions devant la frustration demeurent encore teintées d'impulsivité en vertu d'un contrôle toujours absent des pulsions agressives.

### L'impulsivité (de 2 ans à environ 4 ans)

Voilà bien le *stade décisif pour l'enfant-roi*. À cette étape de la croissance, le développement de la motricité globale ainsi que la maîtrise de la marche lui ouvrent les portes à l'autonomie et à une découverte accrue du monde extérieur, au grand dam de ses parents qui n'ont cesse de déplacer les objets dangereux vers le haut et de replacer éternellement cette même armoire de cuisine vidée de tout son contenu avec une régularité parfois agaçante.

Puis à peine 6 mois après l'apparition du langage articulé émerge la première grande épreuve, celle du « non ! ». Étonnant, tout de même, lorsqu'on y pense : l'enfant amorce une période d'une durée d'environ deux ans durant laquelle il aura l'audace et l'impudence de contester ouvertement et fortement cette autorité parentale dont il dépend pourtant et de façon absolue pour sa vie et pour sa survie, au point où certains pourront le qualifier de « petit emmerdeur ».

L'acquisition essentielle par l'enfant de cette capacité du « non ! », soutenue par la croissance de son impulsivité et son désir insatiable de faire maintenant les choses par lui-même, est cruciale dans le développement de son équilibre personnel et de sa santé affective ainsi que dans l'acquisition de son futur pouvoir de disposer librement de sa personne. Il est d'ailleurs extrêmement fréquent que notre travail de clinicien nourrisse l'objectif d'une récupération de cette capacité essentielle du « non ! » chez nos patients, difficulté prenant directement racine dans l'interdiction subie de s'opposer à toute autorité parentale durant leur enfance.

C'est donc à cette période déterminante du stade de l'impulsivité que se poursuit ou non la dynamique de l'enfant-roi et, conséquemment, la poursuite ou l'arrêt complet de son évolution vers la maturité ; c'est pourquoi cette étape du développement revêt une si grande importance dans la compréhension des origines de la psychologie de ce type d'enfant. Il s'agit en quelque sorte pour les parents de la « dernière chance » préparatoire à l'équilibre personnel de l'enfant, à une gestion éventuellement saine de son impulsivité ainsi qu'à la socialisation requise par son entrée imminente dans le monde scolaire. Au-delà de cette étape, c'est la plupart du temps la rééducation qui s'imposera.

La faiblesse et dans certains cas l'absence complète de cadre éducatif et d'interdits, favorisant la fixation du moi au présent stade, nourrit dès lors un fonctionnement dont les racines plongent de plus en plus profondément dans le sol fertile d'un plaisir raffermissant son emprise sur la personnalité et privant l'enfant de tout apprentissage de la peur des conséquences de sa conduite. S'assurant d'une exploitation maximale des relations, le pouvoir sur autrui s'intensifie jusqu'à l'utilisation de l'agression et parfois de la violence dans l'asservissement des autres : l'enfant-roi cristallise une perturbation affective dans un corps poursuivant malgré tout sa maturation biologique. C'est ce corps en voie de développement qui lui fournira éventuellement les armes redoutables d'une force physique grandissante devant ceux et celles osant se dresser devant l'atteinte de ses objectifs de plaisir et de pouvoir. *La pire décision pouvant être prise durant le passage de l'enfant à ce stade de l'impulsivité est d'acheter la paix par l'abandon de toute intervention,* verbale ou physique, visant l'obligation d'une acquisition de la discipline et du contrôle de soi.

Pour mieux saisir les importantes limites caractérisant l'enfant à cette période de son développement, il convient de préciser le type de pensée logique dont il est capable. Il faut comprendre ici que l'enfant se perçoit tout-puissant et le maître du monde avec comme conséquence que seul sa pensée demeure valable ; toute affirmation de sa part devient la seule réalité valable, caractéristique malheureusement toujours présente chez certains adultes, et quiconque a déjà tenté sa chance auprès d'un enfant de 2 à 4 ans sait pertinemment qu'il est impossible de parvenir à la mise en valeur d'un autre raisonnement que le sien. Ce n'est en effet que vers l'âge de 6 ou 7 ans, alors que le raisonnement proprement dit lui devient accessible grâce à sa compréhension de la notion de concept, qu'il pourra alors se décentrer de sa personne puis s'ouvrir à la considération d'un autre point de vue que le sien, bref, qu'il deviendra graduellement capable d'empathie.

Cette pensée caractérisée par l'absence de concept est qualifiée de « syncrétique », dans le respect de la théorie de l'intelligence de Jean Piaget. Outre le narcissisme et l'égocentrisme, la pensée de l'enfant de 2 à 4 ans possède également ces autres caractéristiques que sont l'anthropomorphisme, le dynamisme et l'animisme. Ces termes signifient tout simplement que l'enfant dote les objets d'une vie animée calquée sur le comportement humain. Par exemple, d'une petite roche coulant au fond de l'eau, l'enfant pourra fournir l'explication que l'eau et la roche se sont battues et que l'eau a gagné parce qu'elle est plus forte. Un autre exemple serait celui d'un retour en voiture en fin de soirée alors que notre enfant de trois ans, plus ou moins éveillé compte tenu de l'heure tardive, affirme à propos de la lune qu'elle coure vite à côté de la voiture. Cette explication est des plus normales si l'on tient compte que les notions de temps, d'espace et de distance ne sont pleinement acquises que vers les âges de 7 à 9 ans.

Voici un autre exemple soulignant la grande limite du raisonnement intellectuel à cet âge. Imaginons une situation où le père du petit voisin communique avec vous pour déplorer un geste d'agression physique dont s'est rendu coupable votre enfant. Vous excusez bien sûr son comportement tout en le remerciant et en promettant de voir à ce que la situation ne se reproduise plus. Vous intervenez alors promptement pour demander à votre fils ou à votre fille s'il apprécie que son petit ami lui fasse mal, situation à laquelle votre enfant répond bien entendu par la négative. Vous l'amenez finalement à comprendre qu'en conséquence, il ne lui faut donc pas faire mal à ses amis compte tenu que lui non plus n'aime pas que ceux-ci lui fassent mal.

Voilà bien un raisonnement totalement incompréhensible pour l'enfant : l'égocentrisme de sa pensée et l'absence de tout concept l'empêchent de se centrer sur d'autres personnes que lui-même et de nourrir un autre raisonnement que le sien, d'autant plus que le raisonnement fait appel ici à des concepts encore inconnus pour lui, soit ceux du bien et du mal, ainsi que ceux de la réciprocité et de l'empathie. Il y a fort à parier dans cette situation que l'absence de contrôle sur ses pulsions agressives et l'incompréhension absolue du raisonnement proposé fera en sorte que notre petit agresseur aura tôt fait de récidiver.

À titre d'exemple vécu, je me rappelle ici un événement cocasse mettant en vedette un tout jeune enfant alors âgé de 3 ans. Lors d'une chaude soirée de juillet, ce petit roi fait irruption hors du chalet familial vers 20h 30. Il s'avance vers moi d'un pas militaire pour m'intimer l'ordre de retirer la toile du bateau moteur afin de jouir d'un dernier tour du lac. Lui signifiant que l'heure était trop tardive et qu'il lui fallait maintenant aller au lit, c'est avec insistance qu'il me réitère sa demande. Lui soulignant que le «bateau faisait dodo» et que l'on avait pris soin de bien le couvrir pour qu'il n'ait pas froid durant la nuit, il me répète son désir de la même voix monocorde. Lui soulignant que c'était maintenant terminé et qu'il devait aller au lit, il s'est avancé vers moi pour feindre un coup de pied au tibia et me lancer : «Je ne t'aime plus... je ne t'amènerai plus à «mon» chalet et dans «mon» bateau !». Il a ensuite fait 180 degrés, puis est entré dans le chalet, toujours en tenant sous son bras sa peluche préférée. La représentation de l'enfant-roi était terminée !

En tant que parents, il devient donc capital de concevoir les importantes limites de la pensée de l'enfant à cette période de son développement lorsque nous envisageons l'utilisation du dialogue dans le but de lui justifier nos demandes ou de lui faire saisir certaines déviances de sa conduite. L'enfant n'est pas raisonnable au sens propre du terme, compte tenu qu'il n'a pas encore accès au concept des choses, des personnes et des événements. C'est pourquoi nos demandes risquent fréquemment de ne pas trouver écho chez lui et il faudra être prudents ici de ne pas établir une équation entre la récidive de l'enfant et sa volonté de défier notre autorité, sous peine de favoriser une attitude éducative nourrie par la répression.

Le *problème majeur* de cette période et il est de taille, croyez-moi, est ainsi lié à la présence simultanée de ces caractéristiques : l'intensification de la pulsion agressive, l'égocentrisme de sa pensée ainsi que toute absence de contrôle sur soi et de pensée raisonnable au sens propre. La présence simultanée de ces caractéristiques est responsable des sentiments d'impuissance et d'exaspération chez les parents devant les échecs répétés de leurs actions éducatives. Comme l'impuissance joue un rôle majeur dans l'apparition de réactions de colère et d'agression, dans la majorité des cas, il y a donc ici une explication fort plausible à l'abandon de l'action éducative par une réaction où l'on achète la paix, ainsi qu'à certaines agressions physiques dont certains se rendent coupables auprès de l'enfant de cet âge.

**À RETENIR POUR CETTE PHASE DU DÉVELOPPEMENT :**

> La phase impulsive de 2 à 4 ans correspond au développement accéléré de l'autonomie ainsi qu'à l'intensification de l'agressivité et de l'impulsivité.

---

> Il s'agit de la phase jouant le rôle majeur dans l'avènement de l'enfant-roi.

---

> Le laxisme éducatif permet la poursuite du développement de l'enfant-roi, puisque cette attitude éducative devient assimilée à une autorisation de satisfaction tant des besoins que des caprices et désirs.

---

> L'autoritarisme, par contre, stérilise le développement de l'autonomie, de l'affirmation de soi et de des pulsions de vie que recèle l'agressivité, compromettant lui aussi la santé mentale et affective.

---

> L'accession au « non ! » prépare l'enfant à l'affirmation de soi puis à la maîtrise éventuelle de son pouvoir et de sa liberté d'être lui-même, d'être différent des autres. Il est un ingrédient essentiel à l'accession à l'identité et à l'intégrité.

---

> Les parents sont la morale ainsi que les interdictions temporaires que l'enfant n'est pas encore en mesure de se donner lui-même.

> Les interventions à ce stade du développement impliquent de notre part une saine gestion de notre propre agressivité et l'élimination de toute décision visant à acheter la paix.

## L'autoprotection (de 4 ans à 5-6 ans)

L'apparition de ce niveau de développement du moi correspond bien évidemment au succès de l'enfant dans la maîtrise de ses pulsions agressives au travers l'élimination de la réaction impulsive. L'accession à l'autoprotection ne devient toutefois possible que si les interventions éducatives ont fait naître chez l'enfant une *peur suffisante mais raisonnable* des conséquences de sa conduite de sorte que c'est maintenant la peur de ces dernières qui le conduit à l'apprentissage d'un contrôle minimal de ses comportements, nonobstant quelques petites rechutes ici et là... tout comme il peut en être le cas pour nous... ici et là !

C'est ainsi lors du passage à ce stade du développement du moi que la motivation des comportements subit sa première transformation et il s'agit là d'un changement majeur devant voir le jour à cet âge : d'une conduite motivée par le plaisir, le pouvoir, le contrôle et la satisfaction à tout prix, l'enfant débouche lentement sur un nouveau répertoire de comportements purifiés de l'impulsivité et maintenant motivés par la peur des conséquences qui, dans sa seconde action, fait naître la distinction entre les besoins, désirs et caprices. Seul un tel changement permet d'assurer la poursuite de la maturation de la personnalité et de paver la voie à l'accession ultérieure à l'identité ainsi qu'à la socialisation.

Le passage à ce stade de l'autoprotection ne signifie toutefois pas aux yeux de l'enfant qu'il est maintenant bien d'agir ainsi, c'est-à-dire de contrôler son impulsivité : la maîtrise naissante de sa conduite vise simplement l'évitement des conséquences (punitions, colère des parents, peur du rejet... etc.) qu'il ne désire plus subir. La motivation du comportement s'appuie ici non pas sur les bénéfices du contrôle de soi, mais bien sur ce qu'il permet d'éviter, de subir. Ce n'est que lors du passage à l'adolescence, tel que nous le verrons plus loin, que la motivation des comportements prendra le chemin de sa pleine maturité, c'est-à-dire celle de l'accession au bien-être personnel, à la sérénité et à l'intégrité par l'intermédiaire du maintien intact de l'image et de l'estime désirées de soi.

On doit comprendre ici qu'il existe un lien intrinsèque entre le développement du contrôle sur soi et l'apprentissage des notions du « bien et du mal », dans le sens où l'enfant commence lentement à réaliser la distinction essentielle entre le « correct » et ce qui ne l'est pas, entre l'acceptable et ce qui ne l'est pas. Cette peur des conséquences définit non seulement la condition de base assurant le passage du stade de l'impulsivité à celui de l'autoprotection, mais elle joue également un rôle crucial et déterminant dans l'acquisition d'une culpabilité saine ainsi que dans l'atteinte de son principal objectif, la production de remords.

Toutefois, le contrôle des pulsions agressives demeure encore difficile à cette période de sorte que le moi de l'enfant continue de tirer profit au maximum des situations ; les écarts de conduite s'accompagnent alors d'une manipulation résiduelle ayant recours à des prétextes ou à une justification des comportements, dont le déni (le fait de nier la réalité des faits). Par exemple, on entendra l'enfant nous dire que ce n'est pas lui qui a fait ça, mais bien sa main... laquelle ne lui appartient évidemment pas !

À ce stade-ci du développement, il faut donc retenir que la motivation au contrôle de soi demeure essentiellement primaire puisque c'est effectivement l'évitement des conséquences qui conduit le moi de l'enfant à une répression de la satisfaction des besoins, pulsions et désirs, non pas le respect d'autrui ainsi que le plaisir lié au développement de la discipline personnelle, deux motivations qui ne seront atteintes que plus tard. Notons ici que de nombreux adultes, victimes de la répression éducative, sont demeurés fixés à cette étape de motivation du contrôle de soi par la peur des conséquences : peu importe leur âge chronologique, ils poursuivent ainsi une dynamique affective propre à l'enfant âgé de 4 à 5 ans. Les délinquants incarcérés, nourrissant une bonne conduite et suivant attentivement tous les programmes correctionnels dans le but d'une libération hâtive, ou l'alcoolique et le toxicomane, dont les démarches de rétablissement visent l'évitement de la rupture de leur couple ou la perte potentielle de leur emploi en sont des exemples concrets.

En plus de confirmer l'amorce d'un contrôle minimal de l'impulsivité, l'accès à ce stade de l'autoprotection permet le développement du respect et plus particulièrement celui de la morale. C'est en effet à partir des relations avec l'autorité parentale que se développe la nature de la morale qui meublera la vie psychique de l'enfant. Le processus de sa construction est connu sous le nom d'introjection (du latin *intra jactere*), signifiant en substance «prendre de l'extérieur pour faire passer à l'intérieur». En ce sens, un enfant côtoyant une autorité abusive de son pouvoir et favorisant l'utilisation de la peur ainsi que le jugement destructeur dans son action «éducative» deviendra vite l'esclave d'une morale essentiellement destructrice, culpabilisante et anxiogène : ce qui est dit de lui deviendra ce qu'il ressentira à propos de lui-même et ce qui guidera sa conduite, comme si cette commande provenait maintenant de l'intérieur de lui. La même explication vaut pour le développement de l'enfant-roi : toute permission excessive émanant de l'extérieur deviendra la même permission qu'il se donnera ultérieurement à lui-même. Dans le premier cas, la peur d'être soi se substitue graduellement à la liberté d'être soi alors que dans le second cas, celui de l'enfant-roi, aucune restriction ne viendra freiner la conduite de sorte que sa liberté d'être piétinera celle des autres.

*On doit absolument retenir ceci : c'est l'absence du passage de l'enfant du stade impulsif au stade de l'autoprotection vers l'âge de 4 ans qui coule les fondations de ce que sera le royaume futur de l'enfant-roi.* Plus le temps s'écoule au-delà de cette période de la vie, plus les interventions feront face à une résistance grandissante au point où elles deviendront virtuellement stériles au seuil de la puberté. L'intelligence ainsi que la force physique viendront en effet renforcer une psychologie déjà dictée par le plaisir, la satisfaction, la réaction impulsive et l'exercice du pouvoir sur autrui. Comme tout accès à la culpabilité et au remords demeure en plus inexistant, c'est la raison pour laquelle ses parents deviendront éventuellement ses otages et que la morale caractérisant l'enfant-roi pourra être qualifiée de nature psychopathe. Nous verrons en détail cette importante caractéristique de l'enfant-roi au chapitre suivant.

**À RETENIR POUR CETTE PHASE DU DÉVELOPPEMENT :**

> L'accession à la phase de l'autoprotection correspond au succès de l'enfant dans la maîtrise de son impulsivité ainsi que dans les premiers apprentissages d'une gestion adéquate de son énergie agressive.

> Cette phase correspond également au second stade du développement de la morale, le premier étant l'intervention physique, ainsi qu'à ses premiers pas vers la socialisation et le respect des autres.

> Il doit être atteint au plus tard vers l'âge de 4 ans.

> Le laxisme éducatif interdit l'accès de l'enfant à cette étape du développement de sa personnalité pour favoriser plutôt son maintien dans le stade de l'impulsivité.

> À l'inverse, l'autoritarisme ne permet pas un séjour suffisamment long dans le stade impulsif pour provoquer dès lors l'apparition d'une autoprotection dite de survie.

> Tout retard d'accession à cette phase du développement compromet les chances de l'enfant d'accéder à une gestion de qualité de son éventuelle autonomie.

## Le conformisme (stade de transition : 5 ans à la puberté, 10-12 ans)

Comme son nom l'indique, le conformisme définit le stade où l'enfant est parvenu à l'assimilation puis au respect des règles régissant le fonctionnement en groupe. Il pave la voie au partage commun de certaines caractéristiques, dont le respect d'autrui et la collaboration tant avec les membres de sa famille qu'avec les groupes sociaux auxquels il appartient maintenant, particulièrement celui du monde scolaire. L'enfant saisit intuitivement certains avantages potentiels que permet l'acquisition de ce conformisme, tant pour lui que pour les autres, de sorte que la motivation à la maîtrise de ses pulsions agressives et de sa conduite correspond beaucoup moins à la peur des conséquences, tel qu'il pouvait en être le cas au stade précédent du développement, mais davantage au désir d'être accepté et reconnu par les autres. De la sorte, l'expression et l'affirmation libres de soi se raffinent pour satisfaire de plus en plus les critères ainsi que les exigences de la socialisation.

L'accession au conformisme souligne également le développement de la confiance en l'autre et la perception des différences animant les membres de ces groupes sociaux dont l'enfant partage maintenant les expériences de vie. Ce n'est que plus tard que se développeront la perception consciente de soi et l'adoption de ses propres valeurs, indépendamment de celles des autres, ainsi que la compréhension des différences individuelles, soit vers l'adolescence où les règles adoptées le seront maintenant en fonction d'une recherche de son propre bien-être personnel, indépendamment du jugement d'autrui.

Ce niveau de maturation permet également l'apparition de certaines conduites socialement valorisées et précurseurs de l'empathie, telles la gentillesse ainsi que les capacités d'aide et de coopération. Ces nouvelles conduites ne doivent toutefois pas être confondues avec la soumission conformiste, laquelle se nourrit plutôt de la peur d'être soi et d'être différent des autres. Si tel était le cas, nous serions en présence d'un enfant dont l'épanouissement de la personnalité est délaissé au profit d'une recherche d'amour, d'affection et de reconnaissance des autres comme élément central d'une personnalité qui prépare lentement les assises de la dépendance affective.

Tout comme il peut en être le cas au stade précédent, il existe des possibilités de fixation parfois toxique à ce stade du conformisme de sorte que le développement devient compromis. Une telle situation se retrouve par exemple chez les membres de la haute classe de la société et des pouvoirs politiques, où les critères de fonctionnement social sont relativement artificiels et permettent difficilement l'expression des différences individuelles. En politique, plus particulièrement, la soumission à la ligne du parti et l'éviction pour toute dissidence en sont des exemples.

Au plan du fonctionnement individuel, toutes les personnes affichant un scénario de soumission à un jugement autre que le leur traduisent également une telle fixation au stade du conformisme, la plupart du temps en fonction de leur besoin de reconnaissance et de valorisation. En moulant leur conduite ainsi que leur pensée sur celles des autres, elles demeurent fixées à ce stade du développement puisqu'elles accordent la priorité au jugement d'autrui au détriment du leur, caractéristique centrale du conformisme.

Les personnes au passé répressif arborent assez souvent un amalgame d'autoprotection et de conformisme dont le résultat, dans certains cas, peut atteindre un niveau pathologique lorsque l'expression et l'affirmation libres de soi demeurent totalement réprimées. Incapables de toute décision, ces personnes, évoluant dans l'ombre des autres, n'ont aucune opinion sur quelques sujets que ce soit pour nourrir alors une parfaite soumission à la pensée des autres au point où elles feront siennes leurs façons de penser et d'agir. On retrouve également ce fonctionnement dans toutes les personnalités affichant une dépendance affective et nourrissant des comportements et des attitudes visant l'objectif d'être aimées, appréciées, valorisées, reconnues. Un tel fonctionnement demeure nécessairement infantile puisqu'il demeure calqué sur une relation parents—enfants.

À l'opposé, le moi des personnes ayant bénéficié des largesses du laxisme éducatif n'atteint évidemment pas ce niveau du conformisme, compte tenu que jamais le cadre éducatif n'a pu induire chez elles le développement nécessaire du contrôle de l'impulsivité et le passage préalable au stade de l'autoprotection. L'égocentrisme et le narcissisme demeurent aux commandes de la personnalité de sorte que jamais l'empathie ne voit le jour ; toute imposition de règles de groupe émanant de l'autorité devient donc assimilée à une entrave au plaisir et à la satisfaction.

C'est ainsi que l'enfant-roi n'a vraiment rien à foutre du conformisme. Incapable de faire partie des autres et toujours à la recherche du plaisir et du pouvoir, il doit être en avant du groupe, au-dessus de celui-ci pour être plus précis. Il s'oppose vertement à toute règle favorisant ce type de fonctionnement et recherche parmi les plus soumis le plus fragile pour en faire sa tête de turc afin d'assouvir ses besoins de supériorité. Dès son entrée à l'école, ses problèmes de comportements permettent aux enseignants de le reconnaître assez rapidement et de constater que toute tentative de dialogue pour le sensibiliser aux conséquences de ses comportements auprès des autres est vaine et pour cause : l'enfant-roi possède une morale déficiente et demeure ainsi privé de cet outil dont la fonction essentielle est la production de culpabilité, d'anxiété et de remords, des affects (ce que l'on ressent) essentiels à l'accession à l'autoprotection, l'empathie et la remise en question de soi.

C'est ainsi que l'on aura tendance au recours de spécialistes dont on espère qu'ils viendront à la rescousse de l'épuisement de la première cohorte de ressources. Les difficultés s'intensifiant, l'organisation scolaire n'aura d'autres choix que de placer notre enfant-roi dans des classes de déviance du comportement où il pourra rencontrer d'autres enfants aux prises avec la même dynamique et réaliser l'apprentissage malheureux de la collaboration de groupe dans l'opposition à l'autorité. La règle que l'union fait la force vaut tout autant pour l'enfant-roi.

### À RETENIR POUR CETTE PHASE DU DÉVELOPPEMENT :

> L'accession au stade du conformisme correspond à l'étape où l'enfant se distancie de ses parents pour amorcer ses débuts de socialisation avec son entrée dans le monde scolaire.

> Le conformisme signifie que l'enfant accepte de se soumettre aux règles de son groupe d'appartenance et que sa motivation d'agir ainsi s'appuie sur son besoin de se sentir accepté et reconnu par celui-ci.

> Il s'agit d'une période relativement calme, avant la « tempête » de la puberté.

> L'enfant investit beaucoup d'énergie auprès de nouvelles figures d'autorité.

> Il fait ses premiers pas dans le monde de la collaboration en groupe et découvre le plaisir généré par ses productions.

> Il apprend les rudiments de la compétition en groupe.

> Le danger ici est d'éviter que l'enfant n'établisse une équation entre la qualité de ses productions et la valeur de sa personne.

## Le conformisme—conscient
## (stade de transition : puberté, 12 à 15 ans)

Deux différences fondamentales distinguent ce niveau de maturation du précédent. Tout d'abord émergent les balbutiements de la conscience de soi, permis par l'accession graduelle à l'abstraction de la pensée, c'est-à-dire cette capacité de faire de soi son propre objet d'observation, permettant au jeune une lecture de plus en plus précise de son propre fonctionnement et des affects meublant sa vie intérieure. À ce stade-ci, toutefois, le jeune est davantage préoccupé par les relations avec les autres et les possibilités de rejet, de solitude et de jugement de sa personne que par le développement de ses propres standards personnels, étape qui ne verra le jour que lors de son accession à l'adolescence.

En second lieu, si le conformisme permettait à l'enfant l'adoption de comportements et d'attitudes dans une certaine simplicité relationnelle, alors que les règles sont les mêmes pour tous, la puberté l'amène plutôt à envisager des possibilités d'exceptions au simple conformisme, sans toutefois qu'il ne daigne pour autant adopter la conduite correspondante. Durant ce stade de transition, le jeune continue ainsi de privilégier une forme minimale de conformisme en même temps qu'il identifie d'autres conduites possibles. C'est pourquoi ce stade porte le nom composé de conformisme—conscient : le jeune est conscient des autres possibilités de comportement s'offrant à lui, mais il demeure conforme aux règles de groupe par peur du rejet et du jugement, ainsi que par son besoin d'acceptation.

Un exemple simple de ce stade de transition serait celui d'un jeune de 13 ou 14 ans évoluant dans une classe agitée au point où les enseignants éprouvent tous de sérieuses difficultés de discipline avec ce groupe. Nullement attiré par les différentes formes de déviance dont il est témoin chez ses pairs et conscient qu'il s'agit là de comportements répréhensibles pouvant le placer en situation difficile devant ses enseignants et ses parents, ce jeune pourra quand même participer lui aussi à l'agitation. Il s'assure, par ce conformisme au groupe, de son acceptation par celui-ci et de l'évitement de son rejet. Le pubère est donc un jeune encore incapable d'assumer les conséquences de sa différence.

Comme cette période correspond au développement accéléré du corps et de la force physique, elle joue un rôle important dans l'amplification des difficultés déjà en place chez notre enfant-roi. La force physique lui permet l'acquisition d'un nouvel outil au service de son plaisir et de sa tendance à la satisfaction de ces caprices, soit celui de menaces physiques dont il est maintenant capable tant pour l'atteinte de ses objectifs que pour l'asservissement davantage intense de ses parents à ses désirs. Il est fréquent d'ailleurs que je reçoive ces derniers désemparés devant la facilité d'agression qu'utilise maintenant leur enfant-roi envers eux. Dans de tels cas, il n'est pas rare que la mère ait déjà eu à subir au moins une menace d'agression, si ce n'est une gifle en pleine figure.

Rassurez-vous, les enfants-rois n'affichent évidemment pas tous de telles difficultés à cette période de la puberté. Il faut toutefois être conscient que plus les pulsions agressives s'intensifient, plus la conduite axée sur le plaisir et la satisfaction des besoins, caprices et désirs devient intense et marquée, plus les interventions deviennent obligatoirement difficiles et plus l'enfant se rapproche d'un agir délinquant probable.

Un dernier mot sur l'accélération du développement du corps à la puberté, compte tenu de l'importance de cette donnée dans le renforcement de la conduite de l'enfant-roi. Si vous avez des jeunes de cet âge, vous aurez sûrement noté non seulement leur tendance à la passivité, à la nonchalance physique ainsi qu'à une certaine «élasticité» de la morale, mais également l'intensification de leur pulsion agressive les conduisant parfois à la limite du respect. Il vous faut savoir ici que les transformations hormonales de la puberté ont des effets directs sur l'intensification de la pulsion agressive : il s'agit là d'un processus biochimique. Avec la phase impulsive du développement de 2 à 4 ans, cette période est la seconde en importance pour la pulsion agressive dont l'intensification joue trois rôles essentiels dans le développement : elle fournit l'énergie nécessaire à l'amorce du détachement parental, elle permet de tailler sa place éventuelle dans le domaine des relations humaines et, finalement, elle soutient la détermination dans l'atteinte future des objectifs.

En ce qui a trait aux relations avec les pairs, cette période est en général assez difficile pour les parents compte tenu que les choix des enfants ne correspondent pas toujours à leurs attentes. Les résidus de conformisme, liés aux difficultés encore présentes d'afficher leur différence, conduisent les jeunes à arborer un fonctionnement parfois aux limites de la déviance et privé parfois de toute substance, comme il peut en être le cas, par exemple, dans les premières expériences toxicomanes. S'il est clair ici qu'il nous faille favoriser la tolérance, on ne doit en aucun oublier l'importance du maintien de l'encadrement, mais d'une façon laissant toutefois place à une liberté minimale de décision chez lui.

On imagine aisément les conséquences dramatiques de ces transformations hormonales lorsqu'elles s'amalgament aux composantes affectives déjà présentes chez l'enfant-roi. En considérant les stades de développement dont il a été question jusqu'à maintenant, il se présente donc aux portes de la puberté avec une tendance déjà marquée à l'impulsivité, une morale déficiente ainsi qu'une propension maintenue au plaisir, au pouvoir et à la satisfaction. Il ne faut pas être sorcier pour imaginer l'amplification perturbatrice que possèdera cette phase du développement sur ce type d'enfant et c'est la raison pour laquelle cette période correspond le plus souvent à l'accentuation de son dérapage ainsi qu'à l'apparition ou à l'intensification de ses tendances à l'agir délinquant.

## À RETENIR POUR CETTE PHASE DU DÉVELOPPEMENT :

> La puberté se caractérise essentiellement par le développement accéléré du corps.

---

> Elle entraîne une intensification significative de la pulsion agressive ainsi que l'apparition et l'apprivoisement de la sexualité adulte.

---

> L'agressivité joue trois rôles majeurs à cette période de la croissance : elle sert de tremplin à l'accélération de la séparation avec ses parents, en même temps qu'elle permet au jeune l'accès à l'énergie requise par le développement de son territoire dans les relations humaines et par la détermination dans l'atteinte de ses choix futurs.

---

> La force de l'agressivité crée une pression sur la vie affective de sorte que tous les affects deviennent tendus à leur maximum d'intensité.

---

> Simultanément à une évaluation des différentes possibilités de conduite, notre jeune poursuit toutefois la nourriture d'une attitude conformiste axée sur son besoin de reconnaissance ainsi que sur sa peur du rejet de la part de ses pairs.

---

> Cette période du développement permet les premiers balbutiements de la conscience de soi.

## La conscience (adolescence)

Si la puberté s'intéresse davantage au développement accéléré du corps et aux transformations hormonales, l'adolescence correspond plutôt à la maturation de la pensée avec l'apparition de la conscience proprement dite. Maintenant capable d'une mise en perspective consciente de soi, les capacités d'évaluation, de réflexion et de projection de soi dans le futur soutiennent maintenant le jeune dans l'examen de son propre fonctionnement ainsi que dans la fixation de buts à long terme. L'autocritique prend ainsi forme au fur et à mesure de l'efficacité grandissante de cette observation consciente de soi et d'un de ses corollaires, l'analyse de soi.

*Voilà donc définie la principale tâche de l'adolescence : le développement de l'identité.* Le succès de cette entreprise dépend totalement de l'efficacité de la conscience de soi, laquelle, en dernière analyse, se caractérise par deux fonctions bien précises : la mise en perspective de soi et l'accès au pouvoir d'agir sur soi, de se modifier soi-même dans un face à face dorénavant conscient avec soi. C'est en effet à partir de l'adolescence qu'émergent ces outils permettant dorénavant de présider seul à sa propre destinée, c'est-à-dire de décider par soi-même de la façon avec laquelle nous entendons maintenant disposer de notre propre personne puis juger si cette façon est moralement et socialement adéquate ou non à nos propres yeux. « La liberté est l'oxygène de l'âme. »[4]

À ce stade-ci du développement, le moi du jeune acquière un sens davantage aigu des responsabilités tant personnelles que sociales. Les règles de fonctionnement deviennent intériorisées et la motivation affiche une maturité grandissante au travers la fixation de standards maintenant personnels. C'est ainsi qu'émerge lentement un nouveau processus décisionnel à l'intérieur duquel le jeune tente

---

[4] Film *Le destin de Will Hunting.*

d'apporter les retouches et les correctifs à sa personnalité de façon à se plaire à lui-même lorsqu'il considère son propre fonctionnement. Cette maturation grandissante permet la distinction essentielle entre les standards moraux et sociaux, dans le sens où l'adolescent détient maintenant la possibilité de se distinguer de la masse par l'accession à sa propre identité, en fonction du jugement conscient qu'il est maintenant en mesure de porter sur lui-même.

La vie intérieure devient alors riche et différenciée alors que les relations interpersonnelles affichent de plus en plus une mutualité nourrie par la capacité de compréhension et d'acceptation de la différence du point de vue de l'autre. En d'autres termes, cela signifie que l'égocentrisme s'estompe pour laisser place à l'empathie et à la compréhension, pavant ainsi la voie à la compétence dans l'intimité, de même qu'à une saine capacité d'aimer à l'intérieur de laquelle le jeune adolescent poursuit l'apprivoisement de la sexualité et de son engagement dans ce domaine de plus en plus difficile de la relation de couple. C'est ici, de façon plus particulière, qu'il devient apte à une mesure de ses capacités de confiance et de partage des contenus de sa vie intérieure.

Toujours au plan des relations interpersonnelles, cette étape correspond également au passage de la dépendance au groupe social à une plus grande autonomie à l'intérieur de laquelle il ne craint maintenant plus de se distinguer des autres. Il quitte lentement le conformisme—conscient pour favoriser maintenant une auto-détermination nourrie par la priorité accordée au jugement porté sur soi, contrairement au stade précédent où la priorité demeurait axée sur le jugement potentiel des autres. La morale se solidifie au fur et à mesure de la disparition de la peur du rejet d'autrui, particu-lièrement lorsque ses décisions personnelles risquent d'aller à l'encontre de celles du groupe.

Maintenant, où en est rendu notre enfant-roi à ce stade-ci du développement ? Nous avons vu que tout pouvoir dont dispose l'être humain pour assurer tant sa vie que sa survie lui est fourni par les ressources de l'agressivité, constituant en somme le réservoir de l'énergie vitale présent à la naissance sous la forme du pouvoir d'être.

Dans un second temps, nous avons également vu que la dépendance, l'immaturité et l'absence de toute conscience proprement dite privent l'enfant de tout pouvoir d'agir sur sa personne, pouvoir dont nous sommes responsables puisque nous sommes les détenteurs exclusifs de l'interdiction et de la permission. Un développement réussi à l'adolescence implique donc que le jeune a su bénéficier de conditions éducatives lui permettant le maintien et le raffinement du premier type de pouvoir (pouvoir d'être), puis l'acquisition ainsi que la maîtrise éventuelle du second (pouvoir d'agir sur soi). En d'autres termes, le jeune accède à son identité pour autant qu'il soit devenu compétent dans la gestion adéquate du pouvoir qu'il possède depuis la naissance d'être librement lui-même, permettant l'épanouissement de sa véritable personnalité en puissance, ainsi que dans celui de se gérer seul et de se modifier consciemment lui-même en fonction de l'image et de l'estime de soi désirées, sans jamais porter atteinte à autrui. La gestion efficace de ces deux pouvoirs d'être et d'agir sur soi, d'origine agressive, constitue donc les fondements de toute accession à l'identité et à l'intégrité.

L'enfant-roi est incapable d'une telle entreprise. Il ne maîtrise nullement son pouvoir d'être, en vertu de l'absence de toute balise et de tout contrôle sur son impulsivité, tout comme il ne peut agir sur sa personne de façon à modifier les aspects de son fonctionnement nécessitant des changements, puisqu'à ses yeux, aucun changement n'est effectivement nécessaire. Ne possédant aucune emprise sur sa personne et parfaitement victime de lui-même, il continue de demeurer l'esclave « malheureusement heureux » de ses désirs, caprices et pulsions qui le gèrent par le bout du nez depuis l'enfance.

Cette désolation découle de sa parfaite inconscience quant à ses façons d'être et de se comporter, compte tenu qu'il n'a jamais été contraint à faire face à des interdits, à modifier sa conduite et à prendre ainsi conscience d'une autre personne que lui-même. Tel que nous le verrons plus à fond au chapitre suivant, cette caractéristique de son profil psychologique le prive de toute possibilité d'observation et de critique de soi en vertu d'une morale déficiente et impuissante à provoquer l'anxiété, la culpabilité et le remords. Sans accès à ces affects, il lui est impossible de ressentir quelque malaise que ce soit devant la déviance de sa conduite. Et sans malaise, point de conscience. L'enfant-roi est ainsi un enfant privé d'estime de soi et de contrôle de soi : il ne se nourrit que de narcissisme, de cet amour excessif de sa personne piétinant tous ceux qui, de près ou de loin, lui interdisent l'accès à son plaisir, à la facilité et au pouvoir qu'il exerce sur les autres.

**À RETENIR POUR CETTE PHASE DU DÉVELOPPEMENT :**

> L'adolescence correspond au développement de la pensée consciente ainsi qu'au pouvoir maintenant disponible de se déterminer soi-même.

> Le jeune quitte le conformisme de groupe ainsi que la référence aux parents pour adopter une conduite maintenant nourrie par son propre jugement et libérée de la peur d'être différent des attentes de ses pairs.

> Elle correspond au développement de l'identité, dont l'atteinte est assurée par une gestion saine et consciente des pouvoirs d'être et d'agir sur soi.

> Contrairement à la sexualité de la puberté, vécue pour le plaisir de sa découverte, celle de l'adolescence ouvre la porte à l'apprivoisement de l'intimité.

## L'individualisme
### (stade de transition : jeune adulte, 22 ans à 30 ans)

Ce stade définit un sens accru de l'individualité, signifiant la maturation de l'identité du jeune vers une emprise de plus en plus solide de l'autodétermination. Le souci à l'égard de la dépendance amoureuse se développe pendant que la conduite puise de plus en plus sa motivation dans le souci du maintien de l'image et de l'estime de soi. Animés par le besoin grandissant d'un partage de son identité dans l'expérience de l'intimité, les changements de comportements et d'attitudes deviennent chapeautés par une honnêteté du jugement sur soi dépassant les résidus possibles de peurs infantiles pouvant encore intoxiquer sa vie affective, tel le rejet ou l'abandon. La tolérance envers soi et les autres s'intensifie en vertu d'une acceptation plus profonde des différences individuelles, plus particulièrement celles pouvant caractériser le fonctionnement du partenaire de vie.

Les problèmes de nature morale laissent graduellement place à la recherche active de solutions aux conflits intérieurs potentiellement générés par la fixation et l'atteinte d'objectifs personnels (par exemple, le choix entre le développement d'une carrière ou l'engagement dans le développement d'une famille). Cette période définit donc un niveau de développement psychologique où la conscience de soi affiche une intensité grandissante avec tous les paradoxes et contradictions pouvant s'y rattacher. À ce stade-ci, l'accent est mis sur la résolution des conflits internes : la recherche du bien-être avec soi devient prioritaire pour conduire à l'identification puis à l'élimination des difficultés résiduelles en interdisant l'accès, particulièrement celles remontant à des blessures affectives issues de l'enfance, entre autres.

Ce niveau de maturation correspond au cheminement de l'identité vers l'apprivoisement accru de l'intimité, de même que vers l'intégrité.

Cette période permet en effet l'approfondissement de la connaissance de soi en vertu d'une capacité d'intimité plaçant le jeune, comme nous tous d'ailleurs, en position d'être perçu à nu dans la totalité de son être avec toutes ses déficiences. C'est donc ici que se manifestent avec leur maximum d'intensité les peurs acquises tout au long du développement, telles le rejet, l'abandon, le ridicule, le jugement et la culpabilité, venant contaminer la qualité potentielle de l'engagement dans ce domaine des relations humaines.

Si l'harmonie confirme la qualité de son fonctionnement en couple, les difficultés permettent, à l'opposé, la mise en évidence des aspects de sa personnalité nécessitant des correctifs en vertu de leurs conséquences néfastes sur l'épanouissement personnel. C'est ici que le jeune devra décider si les remarques et les observations dont il est l'objet deviennent assimilées à une information sur sa personne, dans lequel cas il pourra s'engager dans le raffinement de sa personnalité, ou à la sensation envahissante d'un jugement contre lequel il cherchera vraisemblablement à se défendre et à se justifier. C'est ainsi que le partenaire de vie est alors perçu comme un allié dans le processus de croissance personnelle vers l'intégrité ou comme un agresseur dont il faut se méfier et que l'on contre-attaque.

Puis vient ensuite le temps d'un second apprivoisement, celui des enfants. Les charges affectives sont déplacées sur ce produit de l'intimité de sorte que le couple œuvre ensemble à leur éducation. La tolérance acquise en fonction du respect des différences indivi-duelles permet à ces nouveaux géniteurs une action équilibrée dans l'application de l'encadrement et l'accompagnement, les deux responsabilités éducatives dont ils auront la charge. Parvenus à leur identité et à l'apprivoisement de l'intimité, ces parents deviennent donc en mesure de communier en pensée dans l'établissement de conditions de développement aptes à permettre l'épanouissement de la personnalité de leur progéniture, sans déception liée à leurs attentes.

Parallèlement au développement de toute cette nature intime de la vie relationnelle prend place l'engagement du jeune dans le monde du travail, domaine dans lequel il devra éviter l'aliénation, c'est-à-dire de devenir au service de son travail plutôt que de s'épanouir par son intermédiaire. Nombreuses aujourd'hui sont les personnes souffrant malheureusement d'une telle aliénation au point où les problèmes de santé mentale sont maintenant la première cause du congé de travail.

Tel que nous le verrons plus en détail, l'enfant-roi demeure enchaîné à sa compulsion au plaisir et à la satisfaction. Handicapé de toute relation significative et incapable d'aimer une autre personne que lui-même, il aura tôt fait d'une utilisation narcissique de son partenaire qui n'aura d'autres choix que d'axer sa conduite sur ce besoin. C'est ainsi qu'il instaurera une relation de pouvoir lui permettant d'asservir ce partenaire à la satisfaction égocentrique de ses besoins, toujours confondus avec les caprices et désirs, avec le recours fréquent de menaces d'agressions.

**À RETENIR POUR CETTE PHASE DU DÉVELOPPEMENT :**

> L'individualité correspond à cette phase de la vie où l'identité se renforce de plus en plus pour conférer au jeune adulte sa nette distinction par rapport aux autres.

> Il s'agit d'une phase où la conscience s'approfondit pour favoriser la confrontation avec soi et avec sa propre cohérence.

> Cette phase correspond également à l'apprivoisement du monde du travail, puis celui de l'intimité et de son produit, les enfants.

# Conclusion

L'enfant dont nous avons la responsabilité de l'éducation traverse bien sûr d'autres étapes de développement jusqu'au terme de sa vie, mais celles qui sont décrites jusqu'à maintenant sont suffisantes pour nous permettre de bien cerner la psychologie de l'enfant-roi ainsi que les exigences inhérentes à la compétence parentale. Résumons ce qui vient d'être vu.

Nous observons une évolution de l'enfance à la maturité par le passage de la dépendance à l'autonomie physique, intellectuelle et affective. S'exprimant librement depuis sa naissance, culturellement vide, mais rempli d'instincts primaires et dirigé par le principe de plaisir, notre enfant accède graduellement au langage puis à la pensée syncrétique (pensée sans concept) et finalement au raisonnement logique proprement dit vers l'âge de 7 ans. Parallèlement à toute cette croissance du corps et de la pensée, se développe graduellement en lui le principe de réalité par l'intermédiaire de l'imposition de règles comportementales et culturelles, permettant dès lors ses premiers pas vers la socialisation par l'apprentissage du contrôle de soi.

Découvrant graduellement le monde extérieur de la cuisine au salon, du salon à sa chambre, puis de la maison à celle de ses petits voisins et à l'environnement scolaire, il «pénètre» l'espace pour réaliser l'apprentissage de la collaboration en groupe et s'imprégner du sens de l'accomplissement et du plaisir lié au travail. Parvenu à cette étape de sa vie, il devra avoir assimilé le contrôle de son impulsivité et développé une capacité minimale d'empathie et de respect des besoins des autres au sein d'un conformisme social à l'intérieur duquel il se sent à l'aise, compétent, reconnu et valorisé.

Nous observons ensuite que c'est naturellement au début de la puberté qu'émergent les balbutiements de sa conscience proprement dite ainsi que sa sexualité génitale et son autonomie dont l'apogée verra le jour à l'adolescence. Accordant de plus en plus la priorité à son propre jugement et nourrissant une emprise grandissante sur sa vie, il accède à son identité avec des choix de vie dont la nature ne doit cependant et d'aucune façon viser la satisfaction de nos attentes parentales envers lui. Si tel devait être le cas, nous serions devant l'obligation de conclure à une emprise toxique sur sa maturation et à la culture d'un amour conditionnel à son endroit.

Le succès de ce passage à la puberté et à l'adolescence dépend bien sûr de la qualité de l'éducation et de l'amour dont nous aurons été capables envers lui, nonobstant l'importance de certains traumatismes potentiels nullement prévisibles et devant lesquels nous demeurons parfaitement impuissants. Notre amour l'aura vacciné de la confiance en soi et convaincu de la qualité de tout son être en devenir alors que la carence affective et le jugement auront plutôt contribué à semer le cancer du doute quant à la qualité de sa propre personne, ainsi que le germe de la dépendance affective.

Puis viennent ensuite les étapes subséquentes de son apprentissage au travail, de son engagement dans le domaine de l'intimité et de l'arrivée des enfants. En devenant parent à son tour, il devra exercer avec doigté le pouvoir absolu dont il dispose sur sa progéniture tout en évitant les deux écueils de son abus et de son laxisme. Lorsque son propre enfant sera parvenu à l'adolescence, il devra, comme nous, gérer son sentiment d'impuissance devant son refus de toute exigence et accepter en conséquence que sa conduite ne corresponde peut-être pas à ce qui était souhaité ou désiré.

Parallèlement à tout ce long processus de croissance de son enfance à sa vieillesse se développe, derrière le rideau de sa vie, sa conscience, véritable tribunal du soi avec toutes ses auditions auxquelles il sera invité à différents moments de sa vie, particulièrement lors du dernier bilan de ses actions sur les choses et sur les personnes, avant de s'éteindre, lui aussi. De «bébé en couche» dépendant, au réflexe de succion et à une vie dictée essentiellement par le principe de plaisir, voilà notre enfant devenu lui aussi une personne âgée. Ses enfants auront quitté à leur tour le foyer familial pour entretenir une nature et une fréquence de relations dans un parfait reflet de la présence éducative dont il aura été capable. Les parents délaissés sont, pour la plupart, des adultes qui ont été absents ou abusifs dans l'utilisation du pouvoir dont ils disposaient sur leurs enfants.

Quelles grandes conclusions maintenant tirer de ces observations fort élémentaires concernant les grandes étapes de la vie? Ces dernières représentent non seulement celles que nous-mêmes sommes en train de franchir, mais également celles pour lesquelles nous avons la responsabilité de préparer notre enfant. La vie est un chemin identique pour tous et nous ne pouvons y échapper. Voilà donc tracée notre responsabilité éducative: la préparation de notre enfant à franchir avec autonomie et conscience les différentes étapes d'une séquence de temps qui porte le nom de la vie.

# 2

# La psychologie de l'enfant-roi

*C'est son caractère
qui fait à chacun sa destinée.*

Cornélius Népos

Le chapitre précédent visait à vous permettre une meilleure compréhension des phases dites « normales » de la maturation de l'enfant vers l'autonomie, la socialisation, la conscience de soi, l'identité et l'accomplissement personnel. Vous voyez ainsi à quel point l'éducation est une tâche à la fois noble et exigeante : la préparation d'un être humain à la gestion éventuellement autonome et consciente de sa propre vie.

De façon plus particulière, nous avons vu que l'enfant naît roi et qu'une éducation laxiste lui permet malheureusement de le demeurer. Cette attitude éducative interdit en effet tout passage de la phase impulsive à celle de l'autoprotection, figeant de la sorte toute croissance possible de sa vie affective. Comme les conséquences de ce blocage au stade de l'impulsivité sont responsables de la construction de la dynamique de l'enfant-roi, nous allons maintenant en examiner les principales caractéristiques afin d'en cerner non seulement leur nature, mais également l'important degré de difficulté que risque de poser sa rééducation éventuelle.

Il importe de souligner ici que ce ne sont pas tous les enfants qui offrent les mêmes réactions en présence du laxisme éducatif, compte tenu que tous ne naissent pas avec une pulsion agressive de même intensité et que certains étalent plus que d'autres une propension à l'anxiété. Les parents traduisent d'ailleurs cette différence initiale lorsqu'ils expriment l'absence totale d'impulsivité chez leur enfant alors que d'autres en ont plein les mains au point de ne plus savoir quelles actions poser afin d'induire un contrôle minimal de ce type de conduite. Cette différence liée à la pulsion agressive en situation de laxisme éducatif permet de circonscrire le profil de deux types d'enfants-rois : *le dominateur et l'anxieux.*

### L'enfant-roi anxieux

Alors que l'enfant-roi dominateur exploite à fond cette plateforme éducative pour imposer de plus en plus sa compulsion au plaisir et au pouvoir, l'enfant-roi anxieux en subit désespérément l'absence pour passer le plus souvent inaperçu. L'intensité de l'anxiété et de l'angoisse dont il tend à souffrir devient parfois telle que tout son processus décisionnel devient paralysé. Le laxisme le prive en effet de toute référence possible à un cadre dont il aurait désespérément besoin pour se sentir en sécurité et qui lui fournirait des balises sur lesquelles s'appuyer et se référer dans ses décisions. Évoluant dans une espèce de vide, incapable d'autonomie et de confiance en son propre jugement, il est comme un drapeau dépendant du vent pour déterminer la direction vers laquelle il doit flotter.

Je me rappelle à cet effet une jeune étudiante de 19 ans désirant me rencontrer afin de modifier son plan d'études. Lui soulignant qu'il valait peut-être mieux consulter un professionnel de l'orientation, elle insiste en me soulignant son incapacité absolue à prendre une telle décision et que c'était là le motif pour lequel elle désirait me voir.

Ce n'est qu'après de nombreuses rencontres qu'une phrase jaillit de sa bouche pour me permettre enfin la compréhension de sa difficulté. Rongée par l'anxiété, elle lance : «Depuis que je suis toute petite, je peux faire ce que je veux…. Cela ne veut pas dire que mes parents ne m'aimaient pas… cela veut dire qu'ils me faisaient confiance». Ces paroles étalaient tout le drame fatidique du laxisme éducatif dont elle avait été la victime, particulièrement le doute de l'amour reçu, soutenu par l'absence de tout encadrement. Mes questions visant une compréhension davantage complète de ces paroles l'ont effectivement conduite à la verbalisation de souvenirs à l'âge de 6 ans alors qu'en pleurs elle suppliait ses parents de lui signifier à quelle heure devait-elle aller se coucher. Ceux-ci, dans une volonté manifeste de bien faire, lui répondaient constamment qu'elle était maintenant une grande fille et qu'elle pouvait maintenant juger elle-même de cette décision. Malheureusement, en agissant de la sorte, ces parents cultivaient l'anxiété chez leur enfant en lui imposant une autonomie décisionnelle que son jeune âge n'était pas encore en mesure de lui permettre. Toute son enfance avait donc été caractérisée par l'absence d'une structure d'encadrement pourtant requise par son besoin de sécurité, de sorte qu'elle évoluait maintenant dans une dépendance affective chronique en soumettant la totalité de ses décisions au jugement d'autrui. Incapable de toute distinction entre le possible, le souhaitable et le désiré, essentiellement passive dans ses relations, l'analyse de sa personnalité indiquait une absence marquée d'agressivité au point où elle s'écroulait devant l'action affirmative des autres.

Cette «enfant» de 19 ans, traitée comme une petite princesse durant toute son enfance et sans aucune confiance en elle, en son propre jugement, étouffait littéralement sous son anxiété. Incapable d'affirmation de soi et de décisions fermes, craignant au plus haut point le rejet d'autrui, elle n'avait cesse de rechercher l'amour, l'affection et surtout la sécurité chez les autres : elle demeurait à la recherche d'une relation infantile et sécurisante afin de combler celle dont elle avait été privée.

Contrairement au profil de l'enfant-roi dominateur suscitant plutôt l'intolérance, le rejet et la colère, ce profil anxieux a plutôt pour effet d'attirer une certaine forme de pitié, la sympathie et la prise en charge. Les besoins de sécurité sont parfois tels chez ce type d'enfant qu'il verse ultérieurement dans une espèce de vampirisme affectif suscitant malheureusement ce qu'il craint le plus au monde, le rejet, en vertu de l'énergie parfois colossale qu'il suce des autres.

C'est ainsi que la vie de l'enfant-roi anxieux tend au développement d'une intense dépendance affective et de soumission au pouvoir d'autrui. Lors de son accession au monde scolaire, l'on observe une fixation aux stades de l'autoprotection et du conformisme. Fragile et craintif, il participe à la vie de groupe comme s'il demeurait en constellation de la dynamique de ce dernier. Peu actif dans son action vers les autres, le rejet lui faisant trop peur, tout se passe comme s'il attendait d'être choisi pour offrir alors la conduite attendue et lui assurant d'être aimé. Pour vous donner une idée de l'intensité de dépendance potentielle, j'ai connu une enfant-roi anxieuse de 33 ans dont la question suivante meublait constamment son esprit en présence des autres : «Qu'aimeraient-ils que je dise?».

Parvenu à la puberté puis à l'adolescence, l'absence dramatique d'agressivité permet difficilement à ce type d'enfant de tailler sa place parmi les autres et de répondre efficacement à la compétition avec les pairs lors de cette importante étape du développement. La plupart du temps passif, il tend donc à subir l'action des autres et à taire ses réactions par peur du rejet et de l'abandon. Enchaîné à son insécurité, il aura tôt fait de diluer sa personnalité en modelant sa conduite sur celle des autres dans l'espoir d'être aimé, mais surtout sécurisé. Il s'engagera dans l'intimité avec une nette tendance à la soumission et à la gentillesse excessive, étalant par le fait même et malheureusement un attrait certain pour un dominant à la recherche d'une proie pour l'assouvissement de son besoin de pouvoir.

Mon expérience clinique m'a permis de rencontrer plusieurs de ces victimes anxieuses du laxisme éducatif de sorte que j'ai pu constater l'engagement de plusieurs dans des relations de violence conjugale, processus dynamique affectant bien sûr autant les hommes que les femmes. L'insécurité chronique de même que ses conséquences sur la peur d'être véritablement elles-mêmes les conduisaient à de fréquents épisodes dépressifs ainsi qu'à une médication pouvant certes soulager la douleur affective, mais qui en aucun temps n'autorisait l'éveil de leur conscience ainsi que l'affrontement de leur insécurité : jamais de la sorte ne pouvaient-elles retrouver le sentier du développement de leur confiance en soi et de leur identité.

Il arrive que ce profil d'enfant-roi anxieux se double d'une intense colère, voire de rage. Cette caractéristique émerge lorsque le besoin de sécurité n'est jamais comblé et que le laxisme parental devient associé à un rejet, à un abandon. Cet amalgame d'anxiété, d'angoisse et de colère confère alors à la personnalité une grande instabilité du caractère ainsi qu'une alternance marquée des humeurs, rendant d'autant plus difficile leur fréquentation.

S'il advenait que cette colère de l'enfant-roi anxieux s'empare des commandes de la personnalité, nous observerions alors une tendance à la domination, particulièrement auprès de ceux et celles évoluant dans son intimité. C'est alors que sa conduite emprunte alors celle de l'enfant-roi dominateur dont les origines de la dynamique sont toutefois passablement différentes dans le sens où ce dernier ne possède aucune tendance à l'anxiété ou à l'angoisse. Pour être plus précis, je veux signifier ici que parmi les enfants-rois dominateurs, certains affichent une tendance au contrôle et à la domination en réaction à leur anxiété et non en continuité avec leur impulsivité.

Cette «variante colérique» du profil de l'enfant-roi anxieux conduit habituellement ce dernier au maintien de relations tendues avec sa famille d'origine. À la fois colérique et en manque de reconnaissance et d'amour, il aura tendance à agir de façon à faire étalage de ses réussites et parfois à agresser verbalement le parent dont il a toujours souffert l'absence éducative. Il maintient donc une dynamique infantile à l'intérieur de laquelle il cultive une conduite dont les objectifs demeurent la recherche d'amour, d'approbation et de reconnaissance, en même temps que la liquidation de sa colère.

## L'enfant-roi dominateur et ses caractéristiques

### L'impulsivité au service du plaisir et du pouvoir

Solidement rivé au stade de l'impulsivité, l'enfant-roi dominateur nourrit deux axes principaux sur lesquels se greffent toutes les autres caractéristiques de son fonctionnement : la recherche du plaisir et l'exercice du pouvoir sur autrui. Je soutiens actuellement une mère cherchant à contrer les difficultés de comportements de son enfant de quatre ans ; le déclencheur de sa démarche a été les menaces de mort de sa fille alors qu'elle lui refusait la satisfaction d'un caprice : «Quand je serai grande, je vais te tuer !». Cet exemple donne un aperçu de l'utilisation d'une menace d'agression dans une volonté d'asservissement absolu des adultes gravitant autour de lui et de ce qu'aurait été la puberté sans cette démarche actuelle de la mère visant à briser puis encadrer lc pouvoir d'agression de cette enfant-roi.

La conduite nourrie par ce pouvoir d'agression affiche d'ailleurs une incidence à la hausse chez l'enfant-roi avec son entrée à la garderie puis à l'école. Une de mes patientes, faisant partie d'une équipe d'éducatrices oeuvrant dans un CPE (centre de la petite enfance) qui reçoit quotidiennement près de 120 enfants, me confiait spontanément qu'à son avis, la moitié des enfants dont les éducatrices ont la charge sont des enfants-rois et qu'ils nécessitent des interventions quotidiennes utilisant l'arrêt d'agir physique. Non seulement le taux d'épuisement et de congé de maladie est à la hausse chez ces travailleuses de l'éducation, mais la fréquence avec laquelle elles éclatent en pleurs continue elle aussi d'augmenter.

Les nombreux enseignants que je soutiens dans le cadre de leur épuisement professionnel me rapportent également une augmentation des phénomènes d'agression physique dont ils sont les victimes de la part de ce type d'enfant. Certains, oeuvrant plus particulièrement dans le domaine préscolaire, soulignent même que leur crainte a maintenant atteint un seuil d'intensité suffisant pour les conduire à ne plus tolérer un seul enfant dans leur dos par anticipation d'une agression physique avec un objet contondant. On parle ici d'enfants âgés seulement de 5 ans !

La poursuite de la réaction impulsive signifie que jamais l'enfant-roi dominateur ne développe de seuil de tolérance à la frustration et qu'il ne supporte aucun délai de satisfaction de ses besoins, parfaitement confondus avec ses désirs et caprices. La présence de cette déficience devient davantage évidente lorsque, parvenu à l'école secondaire[5], il décide unilatéralement de la réalisation ou non des travaux demandés et avec, dans certains cas, l'appui malheureux de parents poursuivant la nourriture de la perturbation affective de leur progéniture avec une inconscience exemplaire. Il m'a été donné de recevoir le témoignage d'un enseignant filmé sur la cours extérieure par un père cherchant à le prendre en défaut dans le but d'exercer une poursuite légale contre lui ; le motif, toujours selon l'enseignant, était lié au fait de l'échec de l'enfant dans la majorité des matières pour faute de remise à temps des travaux demandés. Lorsque des parents agissent de façon à renforcer de la sorte la déviance de leur enfant, c'est que leur conscience demeure enfouie

---

[5]    L'équivalent du Collège et du Lycée, en France.

dans des fonds abyssaux. D'autres, plutôt désemparés et maintenant impuissants devant cette impulsivité, auront plutôt tendance à une remise de leur responsabilité éducative entre les mains de l'enseignant de sorte qu'ils invoqueront l'aide de ce dernier pour parvenir à bout de la résistance ainsi que de la rigidité de l'enfant.

Il est bien évident que cette impulsivité s'intensifie au même rythme que la croissance physique du corps et la maturation de la pensée, lesquelles deviennent pour ainsi dire au service du plaisir et du pouvoir déjà aux commandes de la personnalité. Et comme la peur des conséquences est absente de la vie psychique de l'enfant-roi, rien ne vient freiner ce processus d'amplification de la perturbation de la conduite. Cette maturation du corps et de la pensée sont des données passablement importantes si l'on considère pour un instant la différence marquée des interventions possibles et requises auprès d'un enfant-roi de 5 ans et un autre de 15 ans !

*Morale de nature psychopathe*

La peur et le doute sont le commencement de la sagesse, dit-on. Voilà bien un état que risque peu d'atteindre l'enfant-roi dominateur, puisqu'il ne connaît ni l'un ni l'autre.

La vie a prévu une étape pour chaque chose et cela s'avère tout aussi vrai pour les multiples facettes du développement de notre personnalité. Par exemple, les études démontrent que le langage se développe d'abord par imitation ; s'il advenait qu'aucun adulte ne parle à l'enfant pendant la période du développement du langage, soit d'environ d'un an à cinq ans, rarement cet enfant pourra-t-il parvenir au développement d'un langage adéquat par la suite, que l'on s'adresse à lui des heures entières à chaque jour : la période prévue pour l'accession au langage est maintenant terminée. Un autre exemple est celui des jeunes s'engageant trop hâtivement dans une relation de couple durable, les privant de cette phase importante d'expérimentation de la relation amoureuse et de la recherche d'un partenaire de vie durant leur adolescence. Dans ces cas où les couples se forment durant l'adolescence, la probabilité d'une séparation ou d'un divorce dépasse les 80%.

Dans le respect de cette règle des étapes de la croissance, *l'enfant ne bénéficie donc que d'un court moment dans sa jeune existence pour effectuer le passage du stade impulsif à celui de l'autoprotection, soit autour de deux ans tout au plus.* Dès son accession à la phase impulsive vers l'âge de 2 ans, il est bien évident que toutes demandes de contrôle de soi visant la disparition de l'action ou de la réaction impulsive sont plus ou moins vouées à l'échec. Par contre, même si l'enfant est encore beaucoup trop jeune pour leur donner suite, il n'en demeure pas moins qu'une telle conduite de notre part lui permet déjà l'identification de ce qui est attendu de lui. Ce n'est que vers l'âge d'environ 3 ans que doit s'intensifier notre réquisitoire de façon à permettre l'atteinte éventuelle de ce double objectif éducatif, au plus tard vers l'âge de 4 ans : la maîtrise de l'énergie vitale que recèle l'agressivité ainsi que la socialisation, le premier étant garant du second. C'est alors que nos demandes doivent passer au stade de l'exigence.

Un tel processus de maturation ne peut prendre racine chez l'enfant-roi compte tenu qu'il ne côtoie pour ainsi dire pas la peur. Conséquemment, il ne peut avoir accès à deux de ses manifestations, l'anxiété et la culpabilité, et il s'agit là de la perturbation majeure de sa vie affective. Ces deux affects sont en effet des composantes essentielles à une conduite humaine équilibrée dans le sens où la présence de bien-être et de sérénité correspond notamment à l'absence d'anxiété et de culpabilité. Si vous concluez que l'enfant-roi doit être habité par le bonheur puisqu'il ne ressent jamais l'anxiété et la culpabilité, vous oubliez un élément important :

l'absence de ces deux affects le maintient dans l'enfance et nourrit toujours une conduite axée sur le plaisir ainsi que sur le pouvoir qu'il recherche sur les autres, lui interdisant de la sorte tout accès au respect d'autrui. La morale, dont le rôle est précisément la production d'anxiété, de culpabilité et de remords, demeure donc inexistante et jamais, en conséquence, ne développe-t-il de capacité d'aimer. Pour être équilibré et devenir un être social, il faut que nous ayons accès à un potentiel suffisant d'anxiété, de culpabilité et d'empathie sinon, nous demeurons carrément seuls sur la planète sans jamais modifier quoi que ce soit de notre conduite.

Bien évidemment, personne ne se dirige au pas de marathon vers la culpabilité et l'anxiété. Ceux qui en sont pétris en payent chèrement le prix, que ce soit par le fait de flirter avec la dépression et l'idéation suicidaire ou carrément de survivre en s'éloignant d'une réalité alors escamotée dans un but d'apaisement de la souffrance intérieure. L'enfant-roi dominateur n'accède que très rarement à la culpabilité et à l'anxiété parce que jamais n'a-t-il été placé en situation de ressentir la peur des conséquences de ses comportements impulsifs et la déviance des aspects de sa conduite au travers de la présence de ces deux affects.

Pour que vous puissiez saisir plus à fond cette caractéristique centrale de la psychologie de l'enfant-roi, il vous faut comprendre le rôle essentiel de l'affectivité dans la vie humaine, ainsi que sa « mécanique ». En fait, jamais ne craint-on une situation donnée, quelle qu'en soit sa nature : ce que l'on craint, en réalité, c'est ce que nous pourrions ressentir si la situation que nous anticipons devait se produire. Prenons des exemples simples pour bien cerner cette affirmation. Avons-nous peur de nous faire frapper par une voiture ou si ce que nous craignons n'est pas plutôt la présence des sensations physiques et affectives que nous risquons d'éprouver si un tel événement devait se produire ? Avons-nous peur du feu ou plutôt de la sensation de brûlure qu'il peut nous procurer ? Avons-nous peur de heurter notre enfant avec des paroles blessantes ou si ce dont nous avons peur en réalité n'est pas plutôt la présence de culpabilité, liée à la douleur que nous venons d'induire en lui ?

En quoi cette dynamique de l'affectivité nous aide-t-elle à comprendre la perturbation de la morale de l'enfant-roi ? Plus nous avons potentiellement accès au contenu de notre vie affective, à tout ce que nous sommes en mesure de ressentir, plus nous nous tenons éloignés des sensations désagréables et parfois douloureuses que pourrait provoquer la présence d'anxiété, de culpabilité et de remords. L'inverse est également vrai : sans accès potentiel à ces sensations, point besoin de maîtriser ou d'éliminer certains de nos comportements puisque aucun d'eux ne risque de générer un tel malaise. L'évitement de ces affects joue donc un rôle essentiel dans le développement de la qualité des relations avec soi et les autres ainsi que dans le contrôle ou l'élimination de certains aspects de notre conduite, pour autant que nous soyons en mesure d'en ressentir leur présence. Or, comme toute cette dynamique est sous-tendue par la présence de la peur et que l'enfant-roi n'y a pas accès en vertu du laxisme dont il est le bénéficiaire, jamais sa morale ne peut-elle jouer son rôle de production d'anxiété, de culpabilité et de remords, d'où l'absence de tout changement de conduite chez lui, le déséquilibre de sa vie morale et son incapacité conséquente de toute distinction entre le bien et le mal.

C'est ce qui explique l'absence d'impact de tout discours à saveur morale à son endroit : l'enfant-roi dominateur n'a aucune idée de ce dont il s'agit parce qu'il demeure incapable de ressentir les affects qu'un tel discours tente de susciter en lui. Bien que cette affirmation puisse en heurter plus d'un, c'est cette absence totale de tout accès possible à l'anxiété, à la culpabilité et au remords qui permet l'affirmation d'une structure morale voisine de la psychopathie chez certains enfants-rois dominateurs. Afin de vous sensibiliser à ce que la psychopathie peut parfois signifier et au risque de provoquer en vous l'incrédulité, voyez ce degré de perturbation morale atteint par une enfant-roi maintenant âgée de 85 ans.

Toujours aux prises avec un problème d'alcoolisme, la dame en question vit en union de fait depuis plusieurs années avec un multimillionnaire. Très à l'aise financièrement, elle bénéficie en outre du fruit de ses années de « travail » durant lesquelles elle a été la propriétaire de clubs de danseuses nues et d'un restaurant, en plus de gérer un commerce de prostitution.

Une de ses filles me consulte afin de chercher un remède aux nombreuses cicatrices affectives interdisant l'accès à son bien-être. Elle souligne à cet effet la violence physique dont elle a été victime de la part de cette mère dès l'âge de 7 ans, ainsi que l'utilisation constante de ses attraits sexuels dans le but d'augmenter l'achalandage de ses commerces à partir de sa puberté. Cette « exposition » de son corps l'a contrainte à de nombreuses reprises à fuir devant des clients qui, intoxiqués par l'alcool, tentaient fréquemment de la violer sans que la mère ne daigne la secourir.

La narration de certains autres événements vient confirmer cette agression maternelle subie tout au long de son développement. Suite à un accident à l'âge de 16 ans, elle reçoit une violente correction physique pour avoir endommager la voiture familiale. Lorsqu'elle devient enceinte deux années plus tard suite à un viol, ma patiente tente par tous les moyens de camoufler sa grossesse par peur d'une réaction d'agression physique de sa propre mère à son endroit.

À partir de l'âge de 19 ans, la mère offre occasionnellement sa fille à des hommes riches dans l'espoir qu'une union éventuelle puisse lui rapporter quelques dividendes ; elle est finalement donnée en échange à un homme de 34 ans contre différents objets dont sa mère convoite la possession. Contrainte à cette relation pendant plusieurs années durant lesquelles elle subira une sexualité contre son gré, elle retourne plus tard sous le contrôle de sa mère qui reprend illico l'utilisation des charmes physiques de sa fille pour la rentabilité de ses commerces.

Comme cet enfant-roi octogénaire séjourne dans un autre pays, elle a mandaté ma patiente pour la gestion de ses immeubles à revenus, sans aucune compensation financière. En plus, tout comme sa sœur vivant de l'aide sociale, elle est contrainte de faire parvenir à sa mère un montant mensuel de 250 $ (160 €) en guise de reconnaissance envers celle-ci de l'avoir mise au monde, commande à laquelle sa vive tendance à la culpabilité ainsi que son besoin inassouvi d'être enfin aimée par sa mère la soumettent. Interrogée sur le développement de sa mère et contrairement à toutes mes attentes, ma patiente souligne qu'elle est une enfant unique et que jamais rien ne lui a été refusé depuis qu'elle est au monde.

Bien sûr, rares sont les enfants-rois atteignant cette profondeur de détérioration de la morale et de la conscience. Toutefois, cet exemple, bien réel, vous permet une idée de l'intensité de pathologie que peuvent atteindre certains et du danger potentiel de toute absence d'encadrement parental. Un tel degré de pathologie rend bien évidemment vaine toute tentative de rééducation.

## Rigidité de la personnalité

Voilà une autre conséquence de la poursuite de l'impulsivité et de toute absence de relation avec la peur, l'anxiété, la culpabilité et le remords. Plus l'action ou la réaction impulsive maintiennent leur emprise sur la personnalité, plus elles confèrent à cette dernière une rigidité dont l'intensité grandissante augmente significativement le degré de difficulté ou d'échec de toute intervention visant l'induction de changements. La rigidité est en effet un trait de personnalité agissant comme un couvercle scellant l'accès au réservoir des affects liés à la sensibilité ainsi qu'à l'empathie, et qui «s'épaissit» avec le temps.

Vous serez probablement d'accord avec cette affirmation à l'effet que le premier critère de toute adaptation est la souplesse. Ce qui plie ne se rompt pas. L'absence de cadre éducatif dont a généreusement bénéficié l'enfant-roi dominateur le prive de tout raffinement de l'adaptation, compte tenu de l'absence de toute obligation d'une modification de conduite à laquelle il n'a jamais dû faire face depuis sa naissance. Il faut donc comprendre ici que l'interdiction parentale joue un rôle de premier plan dans le développement de la souplesse de l'adaptation : devant l'interdiction, l'enfant est confronté à l'obligation de modifier sa conduite, de l'adapter aux demandes, aux exigences. «Car exister, c'est répondre aux chocs du monde environnant.»[6]. Confondant désirs, besoins et caprices, le répertoire adaptatif de l'enfant-roi demeure donc fort limité : il ne possède en effet qu'un seul type de conduite, l'impulsivité, et que deux seules motivations, la satisfaction du plaisir et l'exercice du pouvoir. C'est pourquoi la personnalité de l'enfant-roi peut être taxée de rigide, d'autant plus que ces caractéristiques s'intensifient au fur et à mesure de sa croissance.

Cette caractéristique de sa personnalité provient également de son incapacité de tirer les leçons de ses erreurs. Attribuant plutôt la faute à autrui, il demeure incapable d'introspection en vertu d'une relation grandement déficiente, voire pathologique avec sa vie intérieure. Conséquemment, il ne peut reconnaître certaines de ses vérités dans les propos d'autrui, encore moins à partir de ses propres observations à son endroit : il est un mésadapté socioaffectif en vertu de la relation

---

[6]    Alain (1928). *Propos sur le bonheur*, Folio, p. 143.

déficiente qu'il entretient avec le contenu de sa vie affective. Et plus il grandit, plus le ciment de cette rigidité durcit pour le priver de toute possibilité de ressentir les conséquences de ses actions sur les autres.

*Égocentrisme, narcissisme, manipulation et exploitation des relations interpersonnelles*

Nous avons vu que le plaisir et l'exercice du pouvoir sont les deux composantes motivationnelles animant la conduite de l'enfant-roi. Nous avons également vu que le laxisme éducatif le prive de toute relation avec l'anxiété, la culpabilité et le remords, sans compter l'absence de respect et d'empathie. Finalement, nous avons vu que les parents deviennent rapidement ses valets puis ses otages, obéissant pour ainsi dire au simple claquement des doigts de leur enfant, sauf en de rares exceptions où ceux-ci décident plutôt de rompre les relations lorsque celui-ci atteint l'âge adulte.

Il n'est donc pas surprenant d'observer la généralisation de tout cet apprentissage à ses relations ultérieures. Appliquant avec une assiduité sans reproche l'exploitation des relations, c'est rapidement qu'il en vient à susciter le rejet des adultes autour de lui. D'ailleurs, jeter un regard autour de vous et voyez s'il n'y a pas quelque part un enfant-roi appartenant aux adultes que vous fréquentez. Dans l'affirmative, observez ce que vous ressentez en sa présence et vous noterez fort probablement en vous le rejet, l'intolérance et peut-être la colère ainsi que des désirs d'agression au point où vous hésitez à inviter de nouveau ces personnes pour ne plus avoir à subir sa présence. Si tel est votre cas, vous êtes aux prises avec des réactions conséquentes à l'agression dont fait preuve cet enfant, de même qu'à son absence de tout respect du territoire d'autrui.

Si l'exploitation des relations humaines est évidemment une consé-quence de la généralisation de ce type de relation mise au point avec l'autorité parentale, il faut retenir que son égocentrisme et son narcissisme jouent également un rôle dans le maintien de cette déficience relationnelle. La centration de l'enfant-roi dominateur sur sa personne et sur ses propres besoins est toxique au point où tout se passe comme si ceux des autres n'existaient pas : ces « autres » sont plutôt à son service. Évoluant seul dans son monde meublé de sensations de plaisir et de pouvoir, il piétine ainsi les besoins d'autrui sans qu'aucune réaction de nature anxiogène ou culpabilisante ne daigne intervenir pour freiner cette imposture. Au contraire, c'est avec une certaine fréquence qu'il arbore un sourire sardonique.

Quant au narcissisme, cet amour excessif et pathologique de sa propre personne, il se nourrit entre autres de ce que lui procurent ses relations d'exploitation. Incapable de donner et d'offrir, à moins qu'il n'y découvre un intérêt personnel, il ne cherche qu'à prendre et à recevoir, quitte à imposer le comportement attendu avec le support indéfectible de son impulsivité. Sa soif sans limite pour le plaisir et le pouvoir le conduit à tout siphonner sur son passage. Sa conscience ne porte donc pas sur qui il est, mais bien sur les sensations de plaisir et de pouvoir fournies par les relations qu'il entretient.

*Déficience de la conscience de soi et absence d'empathie*

Ces deux notions de conscience de soi et d'empathie sont essentielles pour saisir à fond les autres dimensions contributives à la descente de l'enfant-roi dans l'abysse de la perturbation affective. Pour bien circonscrire les origines ainsi que la nature de ces deux autres caractéristiques, il nous faut considérer ici les relations unissant la conscience de soi, la relation avec sa vie affective et l'accès à l'empathie.

La conscience de soi est insuffisante en elle-même pour induire des changements. Nous connaissons probablement tous des personnes qui, bien qu'elles admettent clairement et ouvertement certains aspects nocifs de leur conduite, se bornent tout simplement à leur reconnaissance sans jamais étaler le moindre changement de comportement. D'autres, tout aussi capables de cette même identification, s'engagent par contre et avec une belle détermination dans les changements; reconnaissant consciemment leurs déficiences, elles décident de s'attaquer sur le champ à la modification ou à l'élimination de ces traits de caractère ou de personnalité portant atteinte à l'image et à l'estime d'elles-mêmes qu'elles désirent maintenir ou atteindre. Or, comment expliquer cette différence de réactions?

La réponse réside tout simplement dans la profondeur des relations unissant la conscience de soi et le contenu de la vie affective. Les personnes conscientes n'affichant aucun changement se caractérisent par une relation déficiente ou inexistante avec leurs affects, de sorte que la reconnaissance des aspects toxiques de leur conduite n'a aucun effet sur ce qu'elles ressentent à propos d'elles-mêmes; tout se passe comme si les contenus de leur conscience ne recevaient pas d'écho au sein de leur vie intérieure. En d'autres termes, le contenu de leur conscience ne dérange nullement ce qu'elles ressentent: c'est le désert affectif. À l'inverse, les personnes ouvertes au changement et actives dans leur démarche à cet effet entretiennent une relation intense et des plus profondes avec la sensibilité de leurs affects. Ce dont elles prennent conscience à propos d'elles-mêmes les perturbe au point où elles n'ont d'autres choix que de modifier leur conduite afin d'éliminer la sensation de malaise qui les habite maintenant. Ébranlées par ce qu'elles ressentent, c'est le malaise affectif généré par le contenu de leur conscience, non le contenu comme tel, qui propulse leurs changements.

Voilà précisément l'explication à l'impossibilité de tout changement de conduite chez l'enfant-roi: les contenus de sa conscience n'ébranlent en rien ce qu'il ressent à propos de lui-même. Même s'il est parfois capable d'une reconnaissance minimale de ses difficultés, en aucun temps est-il en mesure d'avoir accès au malaise que devraient pourtant provoquer ses prises de conscience. Tout d'abord, son narcissisme lui interdit de ressentir quoi que ce soit de négatif à propos de sa personne. Dans un second temps et à l'inverse parfait de l'enfant-roi anxieux, il n'a pas accès à la culpabilité, l'anxiété, l'angoisse et au remords. L'impulsivité domine en effet sa vie affective de sorte que ces affects sont absents de son répertoire : seules les sensations de plaisir et de pouvoir lui sont accessibles. Incapable d'introspection, sa conscience grandissante est davantage utilisée pour l'analyse des faiblesses d'autrui et leur utilisation dans la satisfaction de ses besoins de plaisir, de pouvoir et de contrôle des autres. On ne peut stimuler chez lui un état absent. De façon imagée, je dirais qu'on ne plante malheureusement pas un arbrisseau sur une tuile de béton à moins de souffrir d'une pathologie de l'optimisme.

*Déficience de l'intimité et de la compétence parentale*

L'absence d'empathie confère bien évidemment à l'enfant-roi une grande difficulté, voire une incapacité absolue de toute intimité. Comme « l'éducation » reçue l'a littéralement cloué au stade de l'impulsivité et que le plaisir ainsi que l'exercice du pouvoir continuent d'abreuver sa conduite, il lui a été impossible d'acquérir quelque notion de respect ou d'empathie que ce soit. La centration sur sa personne rend impossible toute considération de besoins autres que les siens, ainsi que toute remise en question possible d'un fonctionnement demeurant sans tache à ses yeux. Poursuivant sans relâche l'exploitation des relations à son profit et aux prises avec une déficience de la conscience de soi, il aura tôt fait de soumettre le partenaire à son narcissisme ainsi qu'à son besoin de pouvoir et de satisfaction. Il n'est d'ailleurs pas rare de constater chez plusieurs la culture de la violence conjugale et l'utilisation de l'agression physique dans leur volonté d'asservissement du partenaire de vie et des enfants. « Ceux qui aiment et ceux qui ont du plaisir ne sont pas les mêmes. »[7]

Comme ce conjoint n'aura d'autres choix que d'afficher une soumission absolue à ses demandes dictatoriales, pour autant que cette tendance l'habite en vertu d'une histoire personnelle appropriée, une telle position pourra favoriser chez notre enfant-roi l'émergence rapide de toute absence de respect pour ce partenaire « sans colonne » et la probabilité conséquente du développement d'une relation hors couple à la fois compensatrice de sa déception et nourricière de son besoin de plaisir. Lorsque des conflits apparaissent, et ils sont nombreux, suite par exemple à un refus du partenaire de se soumettre à son dirigisme et à la satisfaction unilatérale de ses besoins, ou tout simplement suite à une divergence d'opinion ou à une demande de communication davantage intime, il aura tôt fait d'intensifier son contrôle, sa domination et l'asservissement de l'autre par la colère, la culpabilisation ou par la menace de rompre. Jamais ne peut-il utiliser les conflits dans une action de raffinement de son propre fonctionnement personnel, compte tenu de cette déficience des relations entre sa conscience et sa vie affective, où la culpabilité et l'anxiété brillent par leur absence. L'enfant-roi dominateur est un véritable handicapé de l'intimité.

Totalement irresponsable et nourri par sa compulsion au plaisir, l'enfant-roi affiche également une grande déficience dans sa responsabilité éducative, d'autant plus que l'accomplissement de cette tâche requiert l'abnégation fréquente de soi, ce à quoi il ne saurait s'abaisser. Pas question donc qu'il s'astreigne à la réalisation des travaux scolaires, au bain des enfants ou à un lever en pleine nuit lors d'une maladie chez ces derniers. Par contre, il s'autorisera aisément à des actions de jugement immédiat sur l'incompétence

---

[7] Proust, M. (1954). *À l'ombre des jeunes filles en fleurs,* Folio, p. 267.

du partenaire au signe de la moindre difficulté et du moindre écart de conduite chez sa progéniture.

Incapable de discipline et de remise en question de soi, il pourra afficher deux types de réactions envers ses enfants : ou il agira de façon à permettre la satisfaction de leurs besoins, désirs et caprices comme il en fut la cas pour sa propre personne, assurant de ce fait la transmission héréditaire de son déséquilibre, ou il deviendra despotique afin d'assouvir son besoin de pouvoir. Par la répression éducative, il leur impose alors la négation absolue de leur personnalité véritable avec toutes les conséquences dévastatrices sur le développement de leur estime de soi et de leur confiance en soi. Comme l'enfant-roi a toujours raison, ses enfants ne peuvent qu'avoir toujours tort.

Comme il déçoit profondément, qu'il demeure à des années lumières de toute relation affective chaleureuse, sauf pour assouvir ses besoins sexuels, et qu'il nourrit un amour narcissique de sa propre personne, les enfants pourront rechercher un père substitut au plan affectif. C'est pourquoi il est éminemment fréquent de retrouver ces enfants-rois dans une grande solitude à l'âge adulte ; aucun lien affectif n'ayant été tissé avec ses propres enfants, ces derniers n'éprouvent aucun intérêt ni attrait pour l'entretien d'une relation significative avec cet « agresseur ». Au plan de l'intimité, l'enfant-roi creuse lui-même sa propre tombe et son isolement relationnel dans une parfaite inconscience de ces deux processus. Il s'agit là d'un des aspects les plus dramatiques de sa vie.

*L'alcoolisme et la toxicomanie*

De façon générale, la majorité des enfants-rois dominateurs s'adonnent à la consommation d'hallucinogènes et d'alcool dès leur accession à la puberté. La raison est évidemment liée au plaisir qu'une telle activité leur procure, les distinguant de la seconde catégorie de consommateurs recherchant plutôt dans cette activité la fuite d'une vie affective souffrante, tributaire d'un passé douloureux. Pour les enfants-rois anxieux, ceux-ci s'adonneront plutôt à la consommation de médicaments, bien évidemment inutile dans la modification en profondeur de leur scénario.

L'engagement des enfants-rois dominateurs dans la consommation renforce à coup sûr la dimension déjà dramatique de leur dynamique, si l'on tient compte des conséquences inéluctables de ces substances sur le dérèglement de la conduite. On sait tout d'abord que l'alcool possède des effets précis sur le cerveau primaire et conséquemment sur le contrôle l'agressivité ; les études démontrent en effet que cette substance intervient en abaissant un médiateur chimique essentiel au contrôle de la pulsion agressive, la sérotonine. L'examen de la violence des comportements chez certains alcooliques indique d'ailleurs et assez souvent un lien entre ce type de conduite et cet effet précis de leur dépendance.

La consommation éthylique augmente donc l'incidence de l'impulsivité. Comme l'enfant-roi possède déjà cette tendance en vertu même de sa fixation au stade de l'impulsivité, la consommation de cette substance vient renforcer cette déviance ainsi que son arrogance et son opposition à l'autorité, le rapprochant dangereusement de l'agir délinquant en vertu de la faiblesse déjà présente de sa morale. En outre, non seulement cette consommation éthylique intensifie la faiblesse du contrôle de soi, mais elle permet bien sûr l'accès à des sensations de plaisir amplifiées.

À l'opposé, la consommation d'hallucinogènes possède des effets inverses dans le sens où cette substance ne provoque ni l'accès à l'impulsivité, ni son intensification. Au contraire, elle tend à l'annulation de la fonction dynamique du moi, signifiant que le consommateur voit son énergie diminuer pour disparaître presque complètement. L'expression anglaise couramment employée de « vedge », probablement de l'anglais « vegetable » et signifiant légume, consacre d'ailleurs l'image de cette absence de dynamisme. La consommation d'hallucinogènes chez l'enfant-roi stimule donc sa paresse, son indiscipline et son irresponsabilité, amplifiant d'autant son incapacité déjà chronique à diriger sa vie.

La consommation d'alcool et de substances illicites n'affecte pas seulement le répertoire de la conduite, mais également et bien évidemment ceux de la conscience et de la morale. Comme nous avons vu le lien étroit unissant les affects et l'efficacité de la conscience ainsi que celle de la morale, toute modification de la relation avec le domaine du ressenti porte directement atteinte à l'efficacité déjà réduite de leurs actions. Comme l'enfant-roi dominateur possède déjà des difficultés majeures de conscience de soi, qu'il n'a à peu près pas accès à la culpabilité et au remords et qu'il « gèle » en plus le peu de ce qu'il serait peut-être en mesure de ressentir, la faiblesse de ces composantes de sa personnalité devient vite réduite à néant dès qu'il y a consommation, augmentant d'autant la désorganisation de la conduite et la rigidité du caractère.

Une troisième conséquence de l'engagement des enfants-rois dans le royaume de la consommation devient cette porte ouverte sur la délinquance ainsi que sur le trafic de stupéfiants. L'appât du gain amplifie leur désir d'accès non seulement au plaisir, mais plus particulièrement ici au pouvoir dont l'argent leur permet de s'enivrer. C'est pourquoi ces enfants se retrouvent de plus en plus nombreux dans les centres d'accueil ainsi que dans le système carcéral en fonction de leur implication dans ce genre d'activités criminelles. Il va sans dire que les conséquences de leur incarcération ont habituellement peu d'effets, à moins que cette dernière ne se répète fréquemment et sur une longue période de temps. L'enfant-roi en profite plutôt pour enrichir ses relations devenues criminelles et pour prendre des vacances aux frais du système... pourquoi pas !

## La délinquance de sa pensée

Examinez attentivement le tableau suivant. Il présente succinctement les principales caractéristiques généralement dévolues à la pensée criminelle ; celles apparaissant en caractère gras sont celles qui définissent également la pensée de l'enfant-roi dominateur. Elles donnent une idée assez juste de la faible distance le séparant parfois d'un engagement dans l'activité délinquante. Gardez toutefois en mémoire que l'intensité de ces caractéristiques communes est nettement plus élevée chez le délinquant d'habitude.

Tableau 1
Caractéristiques cognitives de la pensée criminelle

| Maîtrise de soi | Perception de la réalité | Perspecive interpersonnelle | Perspective sociale | Valeurs | Discernement |
|---|---|---|---|---|---|
| Impulsivité | Dichotomie noir ou blanc | Égocentrisme et narcissisme | Transfert de la responsabilité sur autrui | *Prépondérance de l'illégalité* | N'apprend pas de ses erreurs |
| Plaisir immédiat | Rigidité | Faible empathie | Priorité donnée aux moyens | Assimilation de l'autorité à l'oppression | *Influence de modèles antisociaux* |
| *Conduite de risque* | Intolérance à l'ambiguïté | Contrôle et pouvoir | Fuite dans l'action partielle | Mensonge et contrôle | Faible capacité à diriger sa vie |

Référence : Brisson, P. (1994). L'usage des drogues et la toxicomanie, Gaëtan Morin, page 258.

Bien sûr, l'enfant-roi n'est assurément pas un criminel. Cette pathologie répond à des critères bien plus graves et davantage profonds dont la présentation dépasse le cadre des objectifs poursuivis dans ce livre. Par contre, demeurons réalistes : plus l'on tend vers les deux extrêmes de l'acte éducatif, soit le laxisme et la répression, plus l'on favorise l'éclosion potentielle de caractéristiques appartenant à la pensée criminelle ou à d'autres formes de déviances chez les deux types d'enfants qui en sont issus : l'enfant-roi dominateur et le délinquant.

La lecture du tableau vous permet donc de constater qu'il n'y a parfois qu'un tout petit pas séparant la pensée de l'enfant-roi de la pensée criminelle. Compte tenu de la prévalence actuelle de ce type d'enfant, de son engouement pour le plaisir et de l'amplification de ses problèmes de contrôle de l'impulsivité au fur et à mesure de sa croissance chronologique, plusieurs sont appelés à fréquenter des classes pour problèmes de comportement ou à séjourner dans des centres d'accueil, vers la puberté. Comme de telles mesures correctives les conduisent au côtoiement d'autres enfants aux prises eux aussi avec des difficultés de même nature, particulièrement si ces derniers sont en voie d'acquisition d'une pensée délinquante ou criminelle, ils s'exposent donc au développement de relations sociales propices au renforcement de leur déviance pour favoriser dès lors une orientation vers ce type de conduite.

Je me rappelle ici un enfant-roi âgé de 29 ans participant contre son gré, bien évidemment, au programme de réhabilitation que j'offrais dans le système carcéral canadien. Marié et père de deux enfants, il entretenait deux maîtresses. Ses parents, millionnaires, avaient nourri ses caprices tout au long de son enfance et lui avaient procuré, suite à sa sortie d'un centre d'accueil à l'âge de 14 ans, une voiture de grand luxe, vite abandonnée à 16 ans pour une voiture sport allemande. Reconnu coupable de trafic de stupéfiants dans lequel il trempait depuis la fin de sa puberté et suivant le programme de Connaissance de soi dans une position physique donnant plutôt l'impression qu'il se dorait au soleil des Îles du Sud, il a opposé un refus immédiat aux travaux obligatoires de réflexion personnelle, lequel lui a évidemment valu l'expulsion du cours.

Une lettre de sa mère, contenue à son dossier, soulignait sa grande peine de voir son fils incarcéré. Elle prodiguait son encouragement à «son fils chéri» (sic) et renouvelait sa croyance dans ses propos à l'effet qu'il avait été victime d'une erreur judiciaire malgré les faits et les preuves irréfutables amassés contre lui. De plus, la mère l'enjoignait de ne pas s'en faire en soulignant que son père avait prévu un poste au sein du conseil d'administration de la compagnie familiale dès son retour afin de panser les affres de son incarcération. Le ton ainsi que le vocabulaire infantiles de la lettre donnaient cette impression d'une maman s'adressant à son fils de 8 ans.

Revenons maintenant au tableau. Au chapitre de la *maîtrise de soi,* seule la conduite de risque ne constitue pas une constance dans les caractéristiques de la psychologie de l'enfant-roi dominateur. C'est lorsque cet attrait pour ce type de conduite s'ajoute à l'impulsivité, à la satisfaction du plaisir et à la recherche de l'exercice du pouvoir que la pensée de l'enfant-roi dominateur se rapproche significativement de cette caractéristique de la pensée criminelle.

La *perception de la réalité* demeure rigide dans le sens où rien de son contenu ne peut générer une remise en question. Cette caractéristique, conséquence incontournable de la grande déficience dont souffre sa conscience, paralyse ainsi tout processus de changement de conduite et de modification de sa pensée. L'enfant-roi dominateur part effectivement de la prémisse qu'il ne peut avoir tort et qu'en conséquence il ne peut qu'avoir raison, quitte à ajuster certains paramètres de la réalité à ses justifications. Allergique aux nuances et au raffinement de sa pensée, processus requérant trop d'énergie et d'efforts, il perçoit la vie en noir ou blanc selon qu'il y a ou non présence de plaisir et possibilité ou non de pouvoir.

Comme il demeure égocentrique et narcissique, qu'il cultive le plaisir ainsi que l'exercice du pouvoir sur autrui, mais jamais le contrôle sur sa propre conduite, l'empathie lui est donc inaccessible. De la sorte, il partage donc avec le criminel les trois caractéristiques de la perspective relationnelle, le privant dès lors de toute capacité d'amour véritable en vertu d'une absence de déduction consciente des conséquences de sa conduite sur autrui.

Son *fonctionnement social* affiche également les trois caractéristiques généralement reconnues à cette déviance. Comme il n'a jamais tort et que sa conduite répond à l'hégémonie du plaisir, il attribue aux autres (par projection) la responsabilité de ses difficultés et de ses réactions de frustration. Également, l'atteinte de ses objectifs devient subjuguée aux moyens, c'est-à-dire que tous les moyens sont bons, y compris les menaces, la manipulation, le mensonge, l'agression et la violence, pour l'atteinte de ses objectifs de plaisir et de pouvoir. En ce qui concerne la caractéristique de la fuite dans l'action partielle, il faut entendre ici que l'enfant-roi réagit dans un but d'évitement des conséquences immédiates de sa conduite, mais que ces changements ne sont que temporaires et partiels. Dès que les conséquences deviennent hors de portée, le comportement répréhensible a tôt fait de réapparaître. Il s'agit là d'un comportement typique de l'enfant âgé de 2 à 4 ans : dès que l'autorité parentale a le dos tourné, le comportement réapparaît.

Les *valeurs* de l'enfant-roi sont évidemment et encore une fois tributaires de son appétit insatiable pour ces deux caractéristiques que sont le plaisir et l'exercice du pouvoir. Je tiens à souligner ici pour votre profit que les valeurs sont un phénomène d'origine affective, dans le sens où c'est la nature des affects qui préside à leur développement. En d'autres termes, les valeurs sont la manifestation concrète de ce qui compte véritablement pour la personne, de ce qui lui tient à cœur et donc, de tout ce qui relève de sa vie affective de près ou de loin. Parmi les valeurs animant la conduite de l'enfant-roi s'ajoutent le contrôle et le mensonge. De plus, comme il a en horreur toute autorité, il assimile, tout comme le criminel, celle-ci à l'oppression. C'est pourquoi il aura tôt fait d'invectiver ses représentants, comme il en est le cas auprès des enseignants lorsqu'il parvient à la puberté et à l'adolescence. En ce qui concerne la prépondérance de l'illégalité, cette valeur, la plupart du temps absente de son répertoire, s'acquiert en conjonction avec la conduite de risque. S'il advient que les relations entretenues par l'enfant-roi parviennent à faire miroiter le plaisir et le pouvoir que peut lui procurer l'activité délinquante, il y aura là un pas aisément franchi que la morale, dans ses dimensions lilliputiennes, pourra difficilement freiner. L'acquisition de cette caractéristique dépend bien sûr de l'intensité des pulsions agressives : plus celles-ci sont élevées, plus la probabilité du développement de valeurs criminelles et délinquantes augmente.

Finalement, l'enfant-roi partage également cette caractéristique d'une faible capacité à diriger sa vie, compte tenu bien évidemment de l'absence de tout contrôle sur son impulsivité, de la faiblesse de ses balises morales et de la déficience de sa conscience. S'il ne fait pas de ses idoles certains modèles antisociaux, tel qu'il en est le cas chez le criminel, il n'en demeure pas moins que lui aussi apprend difficilement de ses erreurs, son narcissisme lui interdisant de reconnaître qu'il puisse en commettre.

On voit donc que la limite est parfois assez mince entre la pensée de l'enfant-roi et celle du criminel. Lors de son passage à la puberté, il suffit que l'intensité de son impulsivité et de sa déviance, de même que la nature de ses relations sociales le placent en situation de côtoyer la délinquance pour que certains soient tentés de faire le saut pour se joindre à un groupe de jeunes nourrissant déjà l'attrait pour une telle conduite. On imagine aisément la suite si on garde en mémoire que l'enfant-roi ne possède aucune maîtrise sur son impulsivité et qu'il demeure motivé par l'attrait non seulement du plaisir, mais également par celui du pouvoir, deux récompenses que risque d'amplifier l'agir délinquant.

En conjonction avec l'acquisition de toutes ces caractéristiques de personnalité dont il vient d'être question, d'autres facteurs contribuent graduellement à l'élévation d'une probabilité de développement de la pensée criminelle au fur et à mesure de sa croissance vers la puberté et l'adolescence. Dans un premier temps, toujours coincé au stade de l'impulsivité, il possède habituellement une feuille de route déjà impressionnante en vertu de problèmes de comportements soutenus par la probabilité d'une consommation éventuelle d'hallucinogènes et d'alcool. Dans un deuxième temps, toujours lors de son passage à la puberté et à l'adolescence, les interventions des autorités continuent de demeurer tout aussi vaines qu'auparavant, qu'il s'agisse de menaces ou de discours moraux sur sa conduite dont il saura habilement réduire la longueur en feignant de s'amender. Traitant d'imbéciles tous les représentants de l'autorité, il étale devant ses supporters une arrogance et une absence de crainte utiles dans l'admiration des autres dont se gave son narcissisme. C'est ainsi que certains enfants-rois réalisent l'apprentissage du leadership délinquant.

En retenant que le développement affectif de l'enfant-roi demeure fixé à l'âge d'environ 4 ans, on peut affirmer qu'à la fin de sa puberté, soit vers l'âge de 15-16 ans, il aura déjà atteint un retard d'au moins 10 ans sur sa maturation affective ainsi que sur sa capacité à gérer sa vie d'une façon responsable. Paresseux, manipulateur et arrogant, il demeure ainsi fixé dans une enfance qu'il s'acharne à ne pas quitter.

L'enfant-roi dominateur développe donc et bien avant sa puberté des caractéristiques risquant de le prédestiner à la délinquance. Les professionnels de l'intervention confirment d'ailleurs que les enfants-rois sont de plus en plus nombreux à présenter une telle problématique nécessitant des interventions dans des centres spécialisés. On imagine aisément les conséquences d'un tel fonctionnement pour les adultes ayant la charge de leur développement dans les milieux scolaires et sociaux. Il n'est donc pas surprenant que les services sociaux comme ceux de la DPJ (Direction de la protection de la jeunesse) au Québec ou de la PJJ (Protection judiciaire de la jeunesse) en France reçoivent un nombre grandissant d'appels à l'aide non plus pour des situations mettant en danger le développement de l'enfant, mais bien pour des situations mettant en scène des parents débordés ne parvenant tout simplement plus à un contrôle minimal sur la conduite de leur progéniture. Ce qui est alarmant, c'est que ce phénomène social de l'avènement de l'enfant-roi ne cesse de s'accentuer.

**Conclusion**

L'enfant-roi est un enfant dont l'âge affectif ne dépasse pas celui de 4 ans. Il habite un corps dont le développement graduel lui fournit dans un premier temps des facultés intellectuelles de plus en plus efficaces à soutenir sa déviance et, dans un second temps, des capacités physiques renforçant son potentiel de résistance aux interventions des adultes. Plus l'intelligence et la force physique d'un enfant-roi se développent, plus elles contribuent significativement à la perturbation affective en route depuis l'enfance et c'est ce qui explique l'intensification de ses difficultés de même que la faillite graduelle des interventions au fur et à mesure de son développement.

C'est toute cette dimension dramatique que tente d'illustrer la figure suivante.

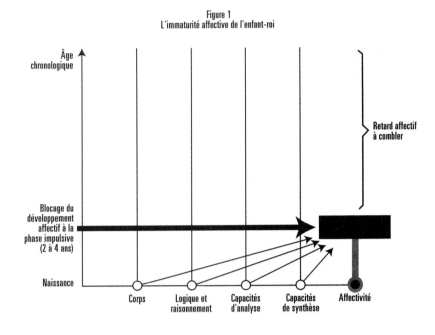

Figure 1
L'immaturité affective de l'enfant-roi

La verticale de gauche situe l'âge chronologique de l'enfant-roi auquel on s'adresse. Elle indique également la fixation de son développement à la phase impulsive de 2 à 4 ans et, conséquemment, le blocage de la maturation affective, à l'extrême droite.

L'abscisse, quant à elle, affiche différentes composantes dont les développements suivent la maturation du corps et de la pensée, proportionnellement à la croissance chronologique. C'est pourquoi les lignes verticales, correspondant à chacune de ces composantes, s'élèvent jusqu'à l'âge chronologique réellement atteint. Quant aux flèches vers la droite, reliant ces mêmes composantes au blocage de l'affectivité, elles indiquent la contribution de ces mêmes caractéristiques de la pensée intellectuelle à la perturbation affective, renforçant chacune la déviance en cours d'évolution. Quant à la dernière colonne de droite, celle du développement de l'affectivité, elle indique, en plus du blocage du développement affectif de l'enfant-roi à l'âge de 4 ans, l'écart creusé entre ce blocage, d'une part, et d'autre part ce que devrait être la gestion de la vie affective en fonction de l'âge réel atteint, dans sa partie supérieure.

C'est ce décalage entre l'immaturité affective et l'âge chronologique qui devient l'écart à combler par toute action de rééducation de l'enfant-roi. Plus il évolue vers la maturité chronologique, plus cet écart s'accentue et plus son élimination risque évidemment de devenir difficile.

# 3

# Les plateformes éducatives de l'enfant-roi

*Tout le secret de l'éducation*
*est de passer entre les deux écueils*
*de l'autoritarisme et du relâchement.*
Emmanuel Mounier

Une classification rigoureuse et exhaustive des différentes plateformes éducatives favorables au développement de l'enfant-roi n'est pas chose facile. Plusieurs étalent en effet la présence de nombreux facteurs communs à chacune d'elles de sorte que ce recoupement entraîne une redondance de l'analyse. À titre d'exemple, que l'on examine en détail la dynamique de certaines familles monoparentales, ou celles des maternités tardives ou adolescentes, ou encore celle de l'enfant unique dans l'avènement de ce type d'enfant, nous risquons de retrouver dans chacune de ces situations les mêmes conséquences directes des transformations sociales amorcées il y a plusieurs décennies, ainsi que la présence des mêmes facteurs d'ordre affectif alimentant la conduite éducative.

Afin de vous permettre de vous y retrouver, commençons par affirmer ce qui suit à propos de cette réaction en chaîne : les transformations sociales ont généré de profondes perturbations au sein du couple et de la famille, lesquelles ont entraîné à leur tour un dérèglement de l'action parentale et l'émergence conséquente de nouvelles plateformes éducatives favorisant chacune à leur façon un éloignement significatif des grands paramètres devant normalement présider au développement affectif de l'enfant. C'est bien évidemment à l'intérieur du dérèglement de la conduite éducative ainsi que dans ses origines qu'il nous faut identifier les principaux facteurs d'ordre affectif favorisant dès lors l'avènement de l'enfant-roi.

## Facteurs socio-historiques

Tout d'abord, ce serait une erreur de conclure que l'enfant-roi est le produit exclusif de l'éclatement du couple et de la famille. Bien que ce phénomène permette une explication évidente à ce chapitre, de nombreuses familles demeurant parfaitement unies étalent elles aussi une dynamique malheureusement pétrie des valeurs toxiques que sont maintenant la consommation, la facilité et le plaisir.

Je crois qu'il nous faut remonter jusqu'à la dernière guerre mondiale pour bien saisir le typhon qui nous a tous emportés, notamment avec l'apparition du phénomène démographique des enfants d'après-guerre, les baby-boomers. Cette génération, dont je fais partie, a contribué pour une bonne part à l'instauration d'un climat social toujours et malheureusement axé sur la facilité et le plaisir, climat poursuivant à mon sens sa dégradation ainsi que le sabotage des valeurs essentielles que sont le respect, l'effort, la discipline et l'empathie. Ces changements ont entraîné des bouleversements dont la nature et l'intensité continuent de porter gravement atteinte à ces valeurs dont la présence devrait porter les couleurs de la permanence en vertu même de leur apport essentiel et incontournable au succès éducatif de toute génération, quelle qu'elle soit.

Tout cycle guerrier est suivi d'un cycle de croissance, soutenu par la nécessité d'une reconstruction de l'économie. La dernière guerre mondiale ne fait pas exception à cette règle et permet notamment l'arrivée de la femme sur le marché du travail par sa contribution aux usines de fabrication d'armes et de munitions. Se libérant ainsi et à juste titre de son confinement aliénant au foyer par le pouvoir mâle et religieux, elle amorce lentement son épanouissement pour accéder éventuellement au droit de vote.

Cette croissance économique crée massivement des emplois que s'empressent de combler les enfants d'après-guerre, les baby-boomers. Se dotant de conditions de travail blindées et les revenus ne cessant d'augmenter, ils versent dans une révolte contre les schèmes éducatifs jusque-là prônés par la génération précédente, accompagnée d'une consommation de biens matériels répondant tout autant à leurs besoins qu'à leurs désirs et à leurs caprices, parallèlement à une croissance de la technologie jamais vue auparavant. Les progrès de la science permettent simultanément la découverte des anovulants, libérant la femme de sa crainte de grossesses non désirées et lui ouvrant la porte à l'appropriation de sa propre sexualité. Cette découverte, éminemment importante, allait permettre la scission entre la reproduction et le plaisir : terminée l'époque d'une sexualité au service exclusif de la reproduction et de l'inoculation massive de culpabilité, parfois en pleine chaire d'église, pour ces couples dont la femme n'est pas enceinte depuis quelques temps.

Parallèlement à tous ces changements se développent avec une rapidité fulgurante les moyens de communication et de transport, ces derniers permettant aux drogues illicites l'envahissement des continents, ainsi qu'un nouveau style musical traduisant l'âme de cette nouvelle génération en éclosion. Le règne de Frank Sinatra prend fin aux États-unis avec l'entrée en scène d'Elvis Presley, éliminant d'un seul coup les schèmes vieillots de l'ancienne génération et sa pudeur légendaire pour rejoindre une génération de jeunes en mal de changements. Son arrivée pave la voie aux groupes britanniques des Beatles, puis des Rolling Stones et finalement à toute une diversité de musique reflétant la complexité grandissante des multiples façons d'envisager maintenant la vie.

Puis survient cette période du «Peace and Love» et du «Flower Power» au début des années 70 avec sa sanction culturelle, mais unilatérale des hallucinogènes par leurs consommateurs, ainsi que l'événement historique de Woodstock. Il fallait maintenant faire l'amour et non plus la guerre, quoique la situation actuelle sur notre planète suggère le succès des pouvoirs politiques dans l'instauration de l'inverse avec un délai qui étonne même l'intelligence la plus lente.

Le développement de tout le domaine électronique apporte lui aussi sa contribution à tous ces bouleversements. Aujourd'hui, nos adolescents sont branchés sur Internet, avec tous les dangers que cela comporte[8], ou sur un autre appareil de sorte que rares sont ceux ne possédant pas leurs propres écrans de télévision et leurs jeux vidéo dans leur chambre où ils côtoient l'agression et de la violence à l'aide de jeux plutôt avilissants. Des manufacturiers automobiles offrent même l'achat de camionnettes équipées d'un système vidéo à l'arrière, question d'assurer la tranquillité… des parents. Une autre occasion ratée de communiquer. C'est l'ère de l'enfant branché et des parents qui discutent… entre eux. Une autre chance perdue d'entrer en relation. La communication au sein du noyau familial se rupture au point où l'on en arrive à saluer ces périodes de manque d'électricité qui voient les enfants sortir de leur chambre et la famille se retrouver autour de chandelles, rappelant peut-être le rythme essentiel dont la vie devrait continuer de s'inspirer. Ce n'est effectivement que dans le calme et le silence que se développent la relation avec soi ainsi que la profondeur de sa conscience.

---

[8]   Il semblerait que près de 1,000 nouveaux sites pornographiques sont créés chaque jour sur Internet et que 25 % des demandes adressées aux différents moteurs de recherches sont liées à ce thème.

L'abondance ainsi que les tendances au plaisir et à la facilité en arrivent finalement à éclabousser le couple et la famille. Atteignant des taux de séparation et de divorce sans précédents, les sociétés modernes voient les deux bases de leur stabilité se fissurer, puis se disloquer. Subissant les contrecoups de tous ces changements, l'enfant devient évidemment la première victime de ces bouleversements. La préoccupation sans cesse grandissante de la résolution de leurs propres difficultés conduit les parents à leur absence ainsi qu'à un éloignement de plus en plus marqué des grands paramètres devant présider à l'éducation, en présence d'une dislocation des familles devenu le témoin de ce chaos social et moral dans lequel les adultes tentent de naviguer tant bien que mal. Jamais les personnes n'ont souffert autant de solitude et de problèmes d'engagement dans l'intimité.

Comme le souligne de façon imagée Marylin Ferguson[9], aujourd'hui c'est chacun pour soi et Dieu pour personne. Le laxisme, la facilité et l'accès au plaisir sous toutes ses formes soutiennent actuellement les assises d'un fonctionnement où le bien-être individuel l'emporte sur le bien-être collectif de sorte que la consommation de la sexualité a régressé au rang de celle des biens matériels. Soutenus par la contribution vicieuse d'un système financier tentant de s'approprier « notre fric » à tout prix et suscitant des taux records de faillite personnelle en facilitant l'accès au crédit de façon outrancière, même pour les étudiants, nous évoluons sur une plateforme de vie où la facilité, le plaisir et la consommation dictent la majorité de nos comportements et de nos décisions.

Suite à ce premier élan de changement fourni par les enfants d'après-guerre, les deux générations postérieures sont venues donner un généreux coup de pouce à ce règne de la facilité et de la consom-mation. De nombreux employeurs que je rencontre dans le cadre de

---

[9] Ferguson, M. (1980). *Les enfants du verseau*, Calmann-Lévy.

mon implication dans le monde patronal et syndical me confirment d'ailleurs leur grande difficulté à recruter des jeunes vaillants ne craignant pas l'effort et intéressés à autre chose que la rémunération et les semaines de vacances. Cette facilité, correspondant bien évidemment à l'absence de son inverse, la discipline et le sens de l'effort, transpire dans un taux de décrochage scolaire avoisinant les 38 % au Québec.

Comme si ce n'était pas suffisant, le système éducatif apporte lui aussi sa vile contribution par l'élimination récente de toute possibilité de doublage d'une année scolaire à l'élémentaire ainsi que par la diminution de programmes favorisant le développement de la pensée, comme la philosophie et la formation personnelle et sociale, ainsi qu'une dilution de contenus visant l'élimination des échecs et la reprise du succès scolaire. De telles décisions sont aussi intelligentes que de priver de nourriture un enfant affamé en guise de mesure d'aide. Un enseignant dispensant des cours en français au niveau du secondaire V, au Québec, (l'équivalent de l'avant-dernière année du lycée, en France), me partageait d'ailleurs qu'il transmet actuellement une partie seulement du contenu donné en secondaire I (2$^{ième}$ année du Collège, en France), il y a 20 ans. Ainsi, au lieu d'induire l'obligation de la discipline et de l'effort, tel que le réclame une mission éducative responsable, une telle irresponsabilité de nos dirigeants a l'heur de renforcer la facilité ainsi que l'immaturité de la conduite. Tout porte à croire que l'on tend donc à sanctionner la paresse des enfants.

L'examen des couches générationnelles indique également une élévation des plus interrogeantes de la consommation de médicaments et de substances illicites dépassant l'entendement. Les personnes âgées, enchaînés à leur «pilulier» vital, sont médica-mentées à souhait; de cette façon, ils demeurent tranquilles et ne dérangent pas. Les baby-boomers continuent pour plusieurs leur consommation d'hallucinogènes et d'alcool alors que d'autres s'adonnent maintenant aux antidépresseurs, aux tranquillisants et aux somnifères pour tenter de panser la solitude, leur mal de vivre ainsi que le stress au travail, perturbateur d'une vie affective dont ils ignorent pour la plupart les règles de gestion. Les jeunes consomment également et de plus en plus d'hallucinogènes, quand ce ne sont pas de drogues fortes. Çà fait «cool» et c'est «hot»! De jeunes adolescents que je soutiens à l'occasion témoignent d'ailleurs qu'à leur avis, au moins 50% de leurs camarades suivent les cours sous l'influence de ces substances, dont la consommation peut maintenant débuter en 6ième année. Pendant ce temps, les jeunes filles étalent à la Britney Spears leur corps offert en pâturage aux jeunes mâles et ce, bien avant leur accession à la puberté. Le dérèglement est tel que des écoles publiques utilisent maintenant le port obligatoire de l'uniforme afin de contrer le laxisme parental. Finalement, pour les jeunes enfants trop agités, particulièrement les garçons, et pour ceux fréquentant les centres d'accueil, il y a bien sûr le ritalin.

Devant ces générations, «gelées» chacune à leur façon, il n'est pas surprenant que les industries pharmaceutiques cherchent à profiter de cette manne inespérée, généreusement approvisionnée par la souffrance individuelle, en supprimant les résultats statistiques de certaines de leurs recherches récentes à l'effet que la consommation d'antidépresseurs chez les enfants et les adolescents n'a significativement aucun effet[10], tout en faisant fi d'un excès de leur prescription auprès de ces derniers.[11] De plus, l'administration américaine chargée du contrôle alimentaire et pharmaceutique (la FDA, Food and Drug Administration) confirme récemment et de façon officielle un lien entre la consommation d'antidépresseurs et l'accroissement des tendances suicidaires chez les adolescents. Pour le seul Effexor, le risque est cinq fois plus élevé. Aucune pilule

---

[10]    www.cyberpresse.ca. *L'industrie pharmaceutique désinforme,* 18 février 2004.

[11]    www.cyberpresse.ca. *Trop de Prozac aux ados,* 17 février 2004.

ne saurait remplacer la présence aimante et rassurante d'un parent. Si les jeunes consomment à ce point et souffrent autant de dépression, ce n'est pas parce que la chimie du cerveau évolue vers un déséquilibre en réponse à d'obscurs facteurs dont les spécialistes continuent d'en rechercher la nature, c'est tout simplement que nous, les parents, sommes absents auprès d'eux.

Au Québec, les coûts versés par ces industries de la souffrance pour la publicité et la promotion des antidépresseurs sont en moyenne de 8,000 $ à 12,000 $ (4,900 à 7,400 €) par médecin et le nombre de prescriptions a doublé en dix ans selon des statistiques obtenues auprès d'elles pour l'année 2001. En l'an 2000, 8 millions $ (4,904,665 €) ont été versés par les individus suite à des prescriptions d'antidépresseurs, soit une moyenne de 100 $ (77 €) par famille par année. Et qui plus est, toute personne en congé de maladie pour cause de santé mentale, du moins au Québec, est confrontée à l'obligation fréquente d'une consommation de médicaments, le plus souvent des antidépresseurs, sous peine d'une suspension de son allocation de maladie et d'une nouvelle évaluation du psychiatre de la compagnie d'assurance. Nombreux sont les médecins avisant les patients de leur obligation d'une ordonnance à cet effet ; certains poussent plus loin l'exercice de leur responsabilité morale et sociale en les enjoignant de ne pas consommer ce qu'ils leur prescrivent, compte tenu qu'ils n'en n'ont pas véritablement besoin. En bout de piste, l'être humain est ainsi soumis à une coalition de la production et réduit à un vulgaire organisme biochimique déréglé à qui on injecte quelques gouttes de lubrifiant chimique, chez certains quelques litres, afin de retrouver au plus tôt leur capacité de production. C'est l'être au service du travail plutôt que le travail au service de son épanouissement. C'est ce que l'on nomme l'aliénation.

Le taux alarmant de suicide étale également et à sa façon l'ampleur de la souffrance individuelle. La solitude, ce mal du siècle responsable de nombreux états dépressifs et sur lesquels la médecine continue d'appliquer ses cataplasmes sans aseptisation préalable des plaies affectives, est le résultat direct de l'incapacité pour plusieurs de relations et d'engagement significatifs et durables. D'ailleurs, le taux des femmes ayant décidé de vivre seules suite à une succession de déceptions amoureuses a pratiquement double de 1960 à 1990 au Québec. Une patiente me partageait cette remarque de son agent d'immeubles, suite à l'achat d'une nouvelle demeure, à l'effet qu'elle allait habiter sur une rue assez particulière : toutes les maisons sans aucune exception sont en effet habitées par des femmes vivant seules avec leur enfant. Plutôt symptomatique comme situation, vous en conviendrez.

On a jeté le bébé avec l'eau du bain. La gravité de la situation est telle que c'est maintenant la normalité qui étonne : les couples parvenus à l'établissement d'une relation saine et durable depuis plus de 10 ans, ou peut-être plus de 2 ans maintenant, suscitent l'admiration, quand ce ne sont pas des félicitations. Comme s'il s'agissait là d'un exploit. Quand la normalité reçoit de tels éloges, c'est que nous avons déjà un pied dans la décadence.

Comme il fallait s'y attendre, l'enfant-roi se faufile habilement dans tout ce dédale de perturbations personnelles et de désorganisation chez des adultes ne disposant plus du temps requis pour l'éducation d'un être humain en croissance, d'une conscience en voie de devenir. Issu autant de familles unies que désunies, c'est sans difficulté qu'il exploite les failles que lui procure généreusement l'absence de cadres de la part de parents lourdement préoccupés par leurs propres difficultés financières et relationnelles.

Toutes ces transformations sociales, dont nous continuons à subir inexorablement les contrecoups, ont généré des conséquences inéluctables sur l'éducation des enfants. Non seulement ont-elles permis la naissance de nouveaux contextes éducatifs, mais elles ont également induit chez plusieurs parents la naissance d'attitudes malheureusement toxiques contribuant directement à une transgression des règles normalement dévolues à la responsabilité éducative, ouvrant ainsi toute grande la porte à la naissance de l'enfant-roi.

## Les facteurs affectifs

Il existe bien sûr différents types de perturbation affective favorisant l'avènement de l'enfant-roi. L'analyse permet cependant leur regroupement en deux principaux facteurs : la compensation affective, visant «l'utilisation» de l'enfant de façon à panser ses propres blessures affectives, et la faiblesse l'affirmation de soi, d'écoulant d'un problème de relation toxique entre l'utilisation de l'énergie agressive et une tendance à la culpabilité. À eux seuls, ces deux facteurs expliquent en majeure partie la dynamique des différentes plateformes éducatives propices au développement de ce type d'enfant.

Le premier signifie que le parent, le plus souvent la mère tel qu'il m'a été donné de l'observer, se conduit de façon à compenser les blessures affectives tributaires de son propre passé. En nourrissant une conduite axée sur la permissivité laxiste, ce parent s'assure de donner à son enfant ce dont il a lui-même été privé et surtout, de ne point lui transmettre ce qu'il a douloureusement subi. Comme l'incidence des carences affectives tend à suivre de près ceux de la perturbation et de l'éclatement des couples et des familles, ce phénomène de compensation affective est donc de plus en plus fréquent de sorte qu'il y a là une première explication à l'augmentation de la fréquence des enfants-rois.

Le second facteur est en quelque sorte un corollaire du premier de sorte que leurs présences sont le plus souvent indissociables, quoique cette règle ne soit pas absolue. Il s'agit en effet de la gestion perturbée de l'agressivité, définissant la difficulté, voire l'incapacité de certains parents d'instaurer puis de maintenir un encadrement adéquat des conduites en vertu de la culpabilité émergeant en eux dès le moment où ils doivent faire appel à une plus grande fermeté éducative. Ainsi, plus les situations exigent une intervention vigoureuse, plus le parent devient en quelque sorte immobilisé dans son action par crainte d'éprouver une culpabilité à l'effet de heurter son enfant, tel qu'il en été souvent le cas pour lui dans sa propre enfance, et de risquer ainsi la perte de son amour.

L'examen du séjour de l'enfant au stade de l'impulsivité nous a permis de comprendre l'importance de contrer certaines manifestations de la pulsion agressive afin d'assurer son passage au stade suivant, celui de l'autoprotection. C'est particulièrement lors de cette période charnière du développement qu'entrent en scène de façon plus marquée ces deux facteurs d'ordre affectif dont il est question ici. La compensation affective et la culpabilité associée à l'utilisation de l'énergie agressive privent les parents de toute possibilité de réactions appropriées aux situations ; l'absence d'affirmation de soi devient dès lors assimilée par l'enfant à une permission de poursuivre sa conduite axée sur l'impulsivité ainsi que sur la recherche du plaisir, ouvrant ainsi toute grande la porte à l'apprentissage du pouvoir sur l'autorité parentale. Je vous propose dans un premier temps l'examen approfondi de la dynamique de chacun de ces deux facteurs puis, dans un second temps, l'identification des différentes plateformes éducatives de l'enfant-roi dont elles favorisent l'émergence.

### La compensation affective

Comme les couples et les familles traversent des temps passablement difficiles, et vous conviendrez avec moi qu'il s'agit là d'un euphémisme, leur éclatement génère des conséquences malheureuses sur le développement affectif de l'enfant. Qu'il suffise de penser aux nombreuses familles monoparentales, aux familles reconstituées, à l'engorgement des services offerts aux enfants aux prises avec des problèmes de comportements ou en danger de développement, au taux élevé de suicide ou de tentatives de suicides chez les adolescents de 15 à 25 ans ou aux problèmes de plus en plus aigus de consommation de psychotropes chez ces derniers, tout porte à penser qu'il s'agit là de manifestations tangibles de perturbations affectives ne cessant de croître depuis des années et compromettant possiblement pour plusieurs générations à venir la qualité du développement des enfants. Je crois que nous avons amorcé une courbe descendante de la santé affective et qu'il faudra en effet des générations pour replacer le pendule au centre de l'équilibre éducatif. C'est bien connu, les sociétés changent beaucoup plus lentement que les individus.

Parmi les personnes côtoyant la souffrance durant leur développement, que cette dernière prenne racine dans leur rejet, leur abandon, l'humiliation ou dans une violence quotidienne et parfois barbare, toutes sans exception en portent les cicatrices permanentes. Or, comment comprendre cette différence entre les personnes transmettant à leurs enfants la souffrance vécue, le plus souvent par le déplacement sur eux de la rage ou de la violence qui les habitent, par opposition à celles agissant parfaitement à l'inverse et le plus souvent avec excès en offrant à leur progéniture une nourriture affective dont elles ont été grandement privées ? Comment donc expliquer une telle différence animant la gestion de l'affectivité ?

La réponse vous a été donnée en bonne partie au chapitre précédent. Elle réside non seulement dans la nature et la profondeur de la relation avec la vie affective ainsi que dans les relations unissant cette dernière à la conscience de soi, mais également dans cet aspect incontournable de la dynamique inhérente à toute souffrance, celui de la stimulation proportionnelle de l'instinct de l'agressivité.

Tout développement caractérisé par la souffrance signifie la présence simultanée de la peur et de la douleur. En fait, la peur et la douleur sont les deux catalyseurs de la souffrance. Or, tout ce qui fait peur et mal constitue une menace à la survie. Et qui dit menace à la survie dit stimulation proportionnelle de l'agressivité, pouvant ou non s'exprimer selon différentes intensités (colère, rage, haine, agression, etc.). Si vous voulez vous en convaincre, enfermez-vous avec un chat ou un chien dans une pièce et faites-lui peur; vous constaterez tout d'abord chez lui des tentatives de fuite qui, demeurant vaines, seront suivies par l'annonce d'une agression imminente : il vous signale que sa peur est sur le point de dépasser son seuil de tolérance et que si la menace se poursuit, l'énergie accumulée dans cette peur est sur le point d'exploser en agression, pour autant bien sûr qu'il ne soit pas victime d'une inhibition pathologique de cette conduite.

De même en est-il des êtres humains. La peur et la douleur stimulent notre agressivité sous différentes intensités et nos réactions peuvent l'exprimer ou non. Ainsi, par exemple, un enfant subissant le rejet de sa mère qui lui exprime ouvertement sa préférence pour sa sœur et qui poursuit son ignorance devient envahi par la douleur puis la peur de ne pas être aimé, en même temps que par la colère accompagnant cette souffrance. Si toute expression d'agressivité est inhibée, cet enfant pourra nier sa véritable personnalité en taisant l'expression de ses besoins et de ses affects pour axer entièrement sa conduite sur les réactions affectives anticipées de sa mère afin de minimiser toute nouvelle possibilité de rejet et de maximiser simultanément la présence de sensations à l'effet qu'elle l'aime. C'est ici que débute l'écriture du pire scénario d'une vie : la négation de soi visant à assurer la satisfaction de son besoin d'être aimé. « À devoir être aimé des autres, on perd le seul amour indispensable, celui de soi. »[12]

---

[12]    Enjolet, C. (1999). *En danger de silence*, J'ai lu, p. 84.

Une telle réaction indique que la conduite de l'enfant n'est désormais plus inspirée par le respect de ses propres besoins inhérents au développement de sa personnalité, mais bien par l'urgence de se rendre agréable aux yeux de sa mère. Cet apprentissage, pour autant qu'il perdure, pourra le conduire ultérieurement à une gentillesse excessive, voire pathologique dans ses relations adultes, à une perte de capacité d'affirmation de soi et d'opposition aux situations avec lesquelles il est en désaccord pour ainsi demeurer soumis aux besoins et au pouvoir des autres, toujours pour se rassurer de ne jamais éprouver à nouveau la présence de la douleur du rejet et de l'absence d'amour. «On n'a le choix que de paraître lorsqu'on ne peut pas être.»[13] Malheureusement, en agissant de la sorte, il autorisera l'abus de sa personne et pourra tendre à un engagement ultérieur dans une relation de couple avec un partenaire aux tendances à la domination, lui-même attiré par une personne circulant dans la vie avec le regard fuyant, la tête baissée et les épaules voûtées.

À l'opposé, cet enfant pourrait nourrir une vive réaction au rejet dont il est victime par le déploiement de sérieux problèmes de comportements en opposition à ce dont il est victime pour verser dans une conduite visant à provoquer ce parent qui lui fait si mal, quitte à subir sa colère. Pour ce faire, toutefois, il devra avoir accès à une pulsion agressive de grande intensité et ne pas subir l'effet paralysant de la peur et de la culpabilité, ce qui était par contre le cas dans le premier exemple de réaction. Lors de son passage à la puberté, cette colère pourra s'intensifier pour le conduire aux portes de la délinquance et de la toxicomanie, pour ensuite le prédisposer à des relations de violence conjugale dont la dynamique lui permettra la liquidation de la rage accumulée. Dans cette deuxième situation, c'est la colère qui devient au service de la survie.

---

[13]     Enjolet, C., *op. citée*, p. 84.

Prenons un second exemple, celui de deux adultes affichant une différence des plus marquées, voire radicalement opposée dans l'aboutissement de leur croissance dans une famille aux relations de violence verbale et physique. On peut ainsi retrouver un de ceux-ci sans emploi, aux prises avec une histoire carcérale ou une problématique de consommation de psychotropes, alors que son frère est parvenu tant bien que mal à la poursuite de ses études pour finalement réussir une belle intégration sociale et fonder une famille. C'est ce type d'enfants que l'on qualifie d'ailleurs d' «enfants de la résilience» et le lecteur intéressé à ce phénomène de résistance affective pourra approfondir ce sujet par la lecture des ouvrages de Boris Cyrulnik[14].

Ces deux enfants ont souffert. Ces deux enfants ont eu et ont encore peur et mal. C'est la colère qui, chez le premier, s'est emparée des commandes de la personnalité et qui permet littéralement de taire la présence de la peur et de la douleur sous des couches épaisses de blocages et de défenses ; la présence de colère, voire de rage règne sur la conduite pour empêcher dès lors toute relation avec les autres affects (peine, douleur, sensibilité…). C'est ce qui explique, dans son cas, l'utilisation de l'action éducative pour la liquidation puis le soulagement de cette colère et de cette rage sur ses enfants; ce faisant, il s'identifie malheureusement au parent agresseur, c'est-à-dire qu'il en vient à se comporter comme le parent agresseur dont il a souffert de la conduite durant sa croissance pour transmettre ce qu'il a subi et ainsi devenir la courroie de transmission des perturbations affectives pour la prochaine génération.

Quand au second, sa réussite est devenue possible grâce à la répression de la rage, de la haine et de la révolte en lui, permettant le maintien de la relation avec sa sensibilité, suffisamment en tout cas pour conserver en mémoire la souffrance vécue. C'est donc avec

---

[14]   Cyrulnik, B. (1999). *Un merveilleux malheur,* France Loisirs, Odile Jacob.

prudence et le plus souvent avec une certaine crainte qu'il aborde l'éducation de ses enfants pour devenir dès lors un parent aimant et affectueux, parfois trop ; en agissant de la sorte, par contre, il s'assure de donner à ses enfants ce dont il a été privé et de ne point transmettre ce dont lui-même a souffert, sous peine de devenir submergé par la culpabilité. Le premier de ces deux frères pourra favoriser le développement de la toxicomanie et de la délinquance chez un ou plusieurs de ses enfants alors que le second, aux prises avec la compensation affective, s'expose au développement d'un enfant-roi pouvant lui aussi verser dans la délinquance et dans la toxicomanie.

Les personnes au passé souffrant ont donc côtoyé, de près ou de loin, la peur et la douleur sous diverses facettes et selon différentes intensités. Elles deviennent des personnes aux prises simultanément avec la souffrance et la colère, au minimum. Que cette dernière soit ressentie ou non, elle est bel et bien présente. Et c'est le plus souvent lors du passage à la puberté que la conduite choisit les deux sentiers possibles en de pareilles circonstances : une vie gérée par la peur ou par la colère. Les deux profils de personnalité visent cependant le même objectif : l'asphyxie de la souffrance vécue.

C'est donc ainsi que se transmet ou non cette dernière et, partant, que se développe l'attitude éducative de la compensation affective, laquelle comporte toujours une notion d'excès. Tributaire d'un passé douloureux, elle est une fenêtre grande ouverte sur le laxisme éducatif. *En aucun temps la compensation affective ne doit présider aux destinées éducatives ;* en d'autres termes, jamais les parents ne doivent agir en fonction exclusive de leur vécu personnel et jamais non plus le besoin d'être aimé par ses enfants ne doit constituer un critère éducatif, sous peine de contourner les exigences d'une éducation réussie.

## La gestion perturbée de l'agressivité

L'utilisation de l'exemple précédent permet également de saisir cette contribution fréquente de la gestion perturbée de l'agressivité dans la «fabrication» de l'enfant-roi. Poursuivons avec ce père adoptant une conduite compensatrice de ses blessures affectives pour examiner la nature de ses réactions lorsqu'il devient confronté à l'obligation d'une intervention énergique afin de contrer un aspect déviant et résistant de la conduite de son enfant, particulièrement lors du séjour de ce dernier aux deux périodes impulsives du développement, celles de 2 à 4 ans et de la puberté.

La question devient la suivante : comment ce père risque-t-il de réagir, c'est-à-dire plus précisément quelle est l'affect risquant d'émerger en lui dans une telle situation et davantage à la puberté si l'on tient compte que l'enfant a fort probablement été gâté en vertu de la compensation affective? Poser la question est y répondre. Dans un premier temps, il y a fort à parier que sa réaction s'accompagne d'une culpabilité des plus intenses, nourrie à la fois par la transgression d'une triple promesse faite à lui-même : ne jamais agir de la sorte auprès de son enfant, garder sa distance face à la colère, sous peine de perdre contrôle sur son expression et ressembler ainsi à son propre père, et finalement acheter la paix afin de ne pas reproduire l'ambiance de chicanes perpétuelles vécue dans sa famille d'origine.

C'est la raison pour laquelle la culpabilité ainsi que la peur, toutes deux tributaires de l'histoire personnelle de ce père, deviennent inéluctablement de puissants inhibiteurs de la «fermeté» éducative de sorte que de tels parents, aux prises avec un passé douloureux et non résolu, pourront facilement agir en compensation affective pour verser dans le laxisme éducatif et ainsi paver la voie au développement de l'enfant-roi : leurs réactions seront davantage nourries par l'évitement de la peur et de la culpabilité plutôt que par les exigences requises par la situation. C'est ce que nous nommons en psychologie la protection de ses blessures narcissiques.

On voit donc que ces phénomènes de compensation affective et de gestion perturbée de l'agressivité sont la plupart du temps indissociables et contribuent tous deux à la mise en place des principales plateformes éducatives aptes à favoriser le développement de l'enfant-roi. Dans un tel cas, le résultat risque de devenir dramatique : la préparation d'un échec éducatif ouvrant toute grande la porte à de vifs sentiments éventuels de culpabilité et d'incompétence. Sous prétexte d'une conduite nourrie par la compensation affective et l'évitement de la culpabilité, ces parents s'exposent à éprouver tout ce qu'ils tentaient d'éviter à l'origine, soit la culpabilité d'avoir échoué. Et ce sentiment devient davantage intense lorsqu'ils s'étaient promis de réussir là où leurs propres parents ont échoué.

Je soulignais plus avant que la compensation affective ainsi que la présence de culpabilité associée à la gestion de l'agressivité sont le plus souvent indissociables, mais qu'il ne s'agissait pas là d'une règle absolue. Il y a en effet des parents arborant à la fois la psychologie de la compensation et une grande impulsivité dans une situation requérant l'affirmation de soi. Ils versent alors dans une perte de contrôle intense au point où ils peuvent aller jusqu'à frapper, voire battre leur enfant. La culpabilité les envahit alors, tributaire du mal qu'il vienne d'infliger, pour intensifier par la suite leur compensation affective… jusqu'à la prochaine fois, créant de la sorte une réaction circulaire à l'intérieur de laquelle chaque comportement vient renforcer l'autre : la compensation affective prépare la réaction impulsive qui, dans sa conséquence culpabilisante, renforce la compensation affective dans un but d'abaissement de cette même culpabilité. Une telle opposition dans les attitudes et dans la conduite sème une absolue confusion chez l'enfant : peut-il aimer ce parent qui lui fait parfois si mal ou doit-il s'en méfier ?

De façon générale, la règle à retenir est la suivante : la compensation affective entraîne toujours avec elle une culpabilité inhibant tout recours au potentiel affirmatif chez les parents. Ce faisant, ils permettent chez leur enfant l'instauration d'un pouvoir qu'ils subiront pour des années à venir.

## Les plateformes éducatives

### Conciliation travail et famille

Les changements en cours dans les grands pays industrialisés soulèvent des inquiétudes quant aux plateformes éducatives dont bénéficient actuellement les enfants. Plus près de nous, le Québec arbore un des plus hauts taux de suicide chez les jeunes de 15 à 25 ans, de décrochage scolaire (près de 40 %) et de séparation (près de 50 %). C'est également au Québec où la moyenne d'heures de fréquentation scolaire par semaine est parmi la plus faible et où le taux de « consommation » hebdomadaire de télévision est la plus élevée, soit près de 25 heures per capita. Et comme si ce n'était pas assez, la culture de la marihuana est florissante et de qualité au point où le « Québec Gold » s'est taillé une réputation enviable en dehors de ses limites géographiques. D'ailleurs, dans certaines régions, les employeurs ont d'énormes difficultés à recruter de la main d'œuvre chez les jeunes préférant à un emploi conventionnel le triple de la rémunération horaire que leur offrent les trafiquants pour la surveillance de leurs champs de culture à l'approche de la récolte.

Parmi les facteurs jouant un rôle dans la désorganisation de notre jeunesse, la conciliation travail—famille est importante en raison non seulement de son influence sur le fait d'avoir peu d'enfants, mais également sur la disponibilité éducative. Cette décision d'avoir ou non des enfants, de leur nombre, ainsi que l'âge d'une telle décision possèdent évidemment des impacts majeurs sur ce qu'il est convenu de nommer la dépendance démographique, c'est-à-dire le rapport du nombre de personnes dépendantes sur le nombre de personnes en âge de travailler. Comme l'analyse de cette problématique de société ne fait pas l'objet du présent livre, je me contenterai de souligner ici les projections prévoyant une augmentation inévitable du taux de dépendance démographique de 44,2 % à 69,9 % d'ici 2041, compte tenu du nombre de personnes de 65 ans et plus qui doublera d'ici à 2041 au Québec. C'est donc un lourd fardeau pour nos enfants dont plusieurs sont déjà taxés par leur faible engouement pour le travail et l'effort.

Toujours au Québec, les femmes sont actuellement présentes sur le marché du travail dans une proportion voisine de celle de l'homme. Tant les hommes que les femmes désirent simultanément la poursuite de leur accomplissement au travail et l'exercice de leurs responsabilités et obligations rattachées au fait d'avoir des enfants. Par contre, la multiplicité des parcours familiaux pour plusieurs, la monoparentalité, la garde partagée et la recomposition des familles sont autant de facteurs affectant non seulement l'organisation de la vie familiale, mais favorisant également une baisse de la disponibilité éducative et l'avènement de l'enfant-roi ou de l'enfant abandonné à lui-même.

Occupés à joindre les deux bouts et investis à fond dans leur plan de carrière, objectif louable et des plus légitimes, les parents deviennent malheureusement et le plus souvent acculés à satisfaire la totalité des besoins de l'enfant, lequel ne peut évidemment parvenir à la distinction entre ces derniers et les caprices puis les désirs. Ils mettent ainsi en place des conditions éducatives en fonction de ce que permet le reste de leur disponibilité, essoufflés qu'ils le sont de soutenir un tel rythme. Aux prises de plus avec la culpabilité générée par leur absence, ils tentent de compenser par l'octroi à l'enfant de tout ce qu'il désire. En se comportant ainsi, non seulement diminuent-ils leur culpabilité, mais ils se rassurent également en établissant une équation entre l'abondance matérielle et la certitude à l'effet que leur enfant se sent malgré tout aimé.

En agissant de la sorte, ils instaurent une dynamique inversée : ce sont les réactions des enfants envers eux qui deviennent la référence décisionnelle, non les exigences éducatives en elles-mêmes, de sorte qu'ils remettent leur pouvoir d'intervention entre les mains de leur progéniture. Et ce phénomène s'amplifie lorsqu'ils cueillent l'enfant à la garderie vers les 17h00, au plus tôt, pour ensuite passer vitement au repas et terminer à la même vitesse avec le bain de soirée ! Pour l'éducation, faudra repasser…, peut-être en fin de semaine après les courses, le nettoyage de la maison, les activités sportives des enfants et la préparation des repas pour la prochaine semaine.

*La dénatalité et l'enfant unique*

Avec un taux de natalité de 1,28 enfants par famille chez le québécois de souche, non seulement ce dernier est-il en voie d'extinction, mais l'incidence des enfants uniques augmente proportionnellement. L'analyse de leur développement indique que les carences généralement présentes dans leur structure de personnalité se doublent de plus en plus des caractéristiques appartenant à l'enfant-roi.

Pourquoi parle-t-on de carences chez l'enfant unique ? Parce que ce type d'enfant a ceci de particulier qu'il est le plus souvent le centre exclusif d'attention des adultes gravitant autour de lui et qu'il devient ainsi privé de l'avantage d'évoluer au sein d'une fratrie qui pourrait lui permettre l'apprentissage du partage, de la collaboration, de l'empathie et de la tolérance à la frustration. Il faut en effet bien saisir ici que les relations entre frères et sœurs permettent l'apprentissage des premiers balbutiements de la socialisation ; les tensions ainsi que les conflits pouvant teinter ici et là leurs relations forcent en effet le développement de modes d'actions et de réactions à l'intérieur desquels émergent les obligations de faire parfois abstraction de ses propres besoins et de partager la source d'affection parentale, notamment.

Cette présence de la fratrie est également d'une grande importance dans l'apprentissage des mécanismes régulateurs de l'agression et de l'acquisition du respect. Non seulement les rejetons humains naissent en effet avec un principe de plaisir dominant et une tendance naturelle à l'agression, tout comme il en est le cas chez les animaux, mais ils tendent à l'établissement d'une hiérarchie entre eux, du dominant au dominé, de sorte que c'est à l'intérieur de ce processus naturel qu'ont l'occasion d'intervenir les parents pour forcer l'enfant au contrôle de son agression par l'imposition d'un respect de ses frères et sœurs, pavant ainsi la voie à l'empathie et au respect de la différence. L'enfant unique risque donc d'être privé de cet outil préparatoire à la socialisation qu'est la fratrie dans le sens où il s'expose à une déficience dans l'acquisition de ces caractéristiques essentielles à une socialisation réussie.

Ces conséquences inhérentes à la situation de l'enfant unique s'amenuisent toutefois lorsque les parents agissent en toute conscience de cause, en se comportant de façon à éviter la satisfaction de ses moindres désirs ou caprices et qu'il ne devienne l'unique centre d'attraction des adultes. Plusieurs ont également recours à une utilisation positive de la garderie pour l'écarter de ce danger et lui permettre ainsi l'assimilation des principaux facteurs favorisant une qualité de sa conduite sociale. Lorsque l'inverse se produit, c'est-à-dire lorsque les parents instaurent une plateforme éducative laxiste pour leur enfant unique, les difficultés s'amplifient alors grandement. La faiblesse initiale du sens du partage, de l'empathie et de la gestion de l'agression se double alors des caractéristiques de l'enfant-roi de sorte qu'il y a là deux puissants moteurs propulsant la personnalité vers une immaturité risquant la permanence, à défaut de correctifs appropriés avant la puberté.

Voici un exemple concret de parfait amalgame entre les dynamiques caractéristiques de l'enfant unique et de l'enfant-roi. Je soutiens actuellement une dame en congé de maladie pour épuisement professionnel, accompagné de symptômes sévères de dépression. Divorcée depuis près de 10 ans, elle est le parfait exemple d'une victime de ce type précis de conjoint.

Monsieur est un enfant unique développant par pur plaisir une problématique majeure de consommation d'alcool dès la puberté. Issu d'un milieu riche satisfaisant le moindre de ses désirs et caprices, il a su développer des techniques de manipulation et d'emprise telles qu'il lui arrivait de se jeter volontairement dans les marches du haut des escaliers dans le but de se blesser ou de perdre connaissance, ce qui lui arrivait à l'occasion, pour éviter la présence de la gardienne qu'il jugeait trop sévère. On voit donc la déviance des comportements que peut atteindre un enfant unique bénéficiant d'une plateforme éducative propice au développement de l'enfant-roi.

En cours de thérapie, madame rapporte ultérieurement la disparition complète et subite de toutes relations sexuelles après la naissance de leur enfant unique, maintenant âgé de 12 ans. Sa tendance morbide à la culpabilité l'invite bien évidemment à s'en arroger la responsabilité de sorte que l'estime et l'image de soi poursuivent leur détérioration. Incapable en outre de recevoir l'affection de la part d'une mère qui, hospitalisée et au seuil de la mort, continue d'accorder toute l'attention à la sœur de ma patiente, cette dernière s'effondre finalement pour commettre une tentative de suicide. Aux prises avec la culpabilité depuis des décennies, bien alimentée par la domination de son conjoint enfant-roi ainsi que par ses jugements destructeurs et colériques sur sa personne, ses progrès thérapeutiques lui permettent enfin de comprendre que cette absence de vie sexuelle est liée non pas au manque d'attrait dont elle se croit coupable mais bien à un conjoint incapable de sexualité avec une mère. Comme il ne s'est jamais détaché de sa mère envahissante et surprotectrice qui, dans sa symbiose avec l'enfant, ne lui a jamais permis de devenir un adulte affranchi, la vie sexuelle lui devenait impossible parce que toute relation avec la mère de son enfant devenait l'équivalent d'une relation incestueuse avec sa propre mère.

Cette patiente n'est jamais parvenue à recevoir la garde de l'enfant lors de la séparation du couple. Soumise, doutant profondément de sa compétence parentale et vraisemblablement mal défendue par son avocate, elle abandonne la garde au père qui, toujours actif dans sa consommation d'alcool, transmet à son fils les vices de l'enfant-roi. En échec scolaire, souffrant de téléphagie et d'un manque de discipline pathologique, ce pubère de 13 ans arbore un comportement typique d'un enfant en bas âge. Récemment, madame rapportait qu'il lançait des balles de neige de toutes ses forces dans le but évident de briser une grande fenêtre du salon. Insistant à plusieurs reprises pour qu'il cesse son comportement, elle a dû passer aux menaces d'un appel aux policiers pour que sa demande soit enfin respectée. Vous remarquerez ici que l'élimination du comportement a été possible en vertu d'une action parentale identique à celle permettant le passage de l'impulsivité à l'autoprotection chez l'enfant de 3 et 4 ans, c'est-à-dire la peur des conséquences.

Le cheminement thérapeutique de cette mère lui a permis de saisir que tant son ex-conjoint que son propre enfant sont tous deux des enfants uniques et des enfants-rois et qu'en cela, il ne lui sert à rien de tenter toute stimulation chez eux d'une conscience absente et que, malheureusement, le père est en voie d'assurer la transmission de sa propre perturbation affective. Heureusement, la faiblesse des pulsions agressives de l'enfant permet à la peur des conséquences une emprise minimale sur le contrôle de ses comportements infantiles... en tout cas, pour un certain temps.

## La maternité tardive

On retrouve le phénomène de la maternité tardive dans trois situations. Dans un premier temps, de plus en plus de couples ont décidé de reporter à un âge ultérieur la venue d'un enfant en vertu d'une priorité accordée au développement de leur carrière respective ou en vertu d'un engagement tardif dans une relation de couple. Incidemment, à l'échelle nationale au Canada, 48 % des mères étaient âgées de 30 ans ou plus en 2003. Les femmes n'ont d'ailleurs cessé de retarder l'âge auquel elles donnent naissance à un premier enfant ; toujours au Canada, en 1961, l'âge moyen était de 22,5 ans alors qu'aujourd'hui, il est de 28 ans.[15]

Dans un second temps, il y ceux qui sont sur le point de parachever leur tâche éducative et qui n'attendaient pas l'avènement du «petit dernier», puis, finalement, ceux qui sont parvenus à surmonter leurs difficultés de fécondité. Ces trois situations exposent à coup sûr les parents au développement d'attitudes éducatives propices à l'avènement d'un enfant-roi en vertu de certaines caractéristiques liées à leur progression en âge. Ne faites pas l'erreur de conclure ici à un lien direct et automatique entre la maternité tardive et la probabilité du développement d'un enfant-roi ; je veux simplement souligner qu'il vous faut demeurer prudents, si telle est votre situation.

---

[15] Journal La Presse, 6 août 2005, page A-3

La première de ces caractéristiques est liée aux besoins inhérents du simple fait de vieillir. Vous aurez sûrement noté (ou vous noterez) les changements importants apparaissant au tournant de la quarantaine et plus particulièrement au tournant de la cinquantaine pour l'homme. Parmi ces changements, il y en a un qui tend à passer plutôt inaperçu, celui du besoin et du désir d'une certaine tranquillité, d'une paix d'esprit devant la vie qui s'égraine inexorablement et qui annonce la retraite éventuelle, dont certains ont amorcé le compte à rebours. Il est bien évident que la vivacité ainsi que l'agitation naturelles de l'enfant viennent à l'encontre de cette recherche de tranquillité, conduisant trop facilement à des séances de négociation ou à une trop grande permissivité dans un but d'évitement des tensions et des conflits pouvant subtiliser cette paix maintenant recherchée.

La seconde caractéristique découle de la différence inévitable entre les générations. Lorsque le jeune parvient à la puberté avec toute la crise identitaire qui l'accompagne, crise particulièrement aiguë de nos jours si l'on considère l'incidence élevée des phénomènes de violence et de consommation de psychotropes chez notre jeunesse, il y a toute une différence dans la patience ainsi que dans la disponibilité éducative selon que les parents sont âgés de 35 ans ou de 55 ans. Non seulement les priorités de vie affichent-elles des différences marquées, mais l'écart creusé entre les générations augmente les difficultés de reconnaissance et de compréhension des valeurs animant leur progéniture. Plus la différence d'âge devient marquée, plus la patience se volatilise pour inviter au laxisme ainsi qu'à l'abaissement du seuil de tolérance ; le cadre éducatif risque alors de souffrir grandement d'un manque de rigueur et de présence auprès de l'enfant qui, devenu pubère, utilise d'ailleurs et assez fréquemment l'expression «mes vieux !» pour définir ses parents auprès de ses pairs. Qu'on le veuille ou non, la nature a prévu un temps pour chaque chose.

Chacune des situations de maternité tardive comporte bien évidemment ses risques en fonction de la dynamique propre à chacune, mais, de façon générale, les parents pourront tendre à gaver cet enfant attendu depuis si longtemps de sorte que l'abondance et le laxisme servent ici à satisfaire l'intensité d'un désir tenu en haleine pendant des années. Certaines particularités s'ajoutent toutefois dans le cas du « petit dernier » que l'on n'attendait pas. Dans un premier temps, il n'est pas rare d'observer la présence de la surprotection, que ce soit pour annuler le rejet de cet enfant que l'on ne désirait pas vraiment ou pour profiter pleinement de la venue du dernier enfant. Tel fut le cas d'un jeune homme de 16 ans qui, victime d'une parfaite symbiose avec sa mère et accusé d'attouchements sexuels sur les petites filles fréquentant la garderie de cette dernière, ne pouvait supporter qu'elle accorde son attention à d'autres enfants. Ces attouchements non seulement assouvissaient ses désirs de vengeance sur ces rivaux mais le prédestinaient nettement à la pédophilie.

Une autre particularité émerge dans le cas du « petit dernier » lorsque les autres enfants n'ont pas encore tous quitté le domicile familial. Plus la distance en âge chronologique est marquée entre cet enfant et le précédent, plus la probabilité que ce dernier, ou parfois un plus vieux, se voit dévolu une partie importante sinon la totalité de la responsabilité éducative. Il est fréquent dans un tel cas que le laxisme fasse également son apparition, non seulement en vertu de l'absence d'implication éducative mais également en fonction des priorités du jeune éducateur qui désire des activités autres que celle du maternage. Par contre, lorsque cette responsabilité imposée s'accompagne d'une privation de ses relations sociales avec ses pairs, l'inverse se produit : le laxisme fait place à la colère qui devient alors liquidé sur le frère ou la sœur dont il a la responsabilité. Il importe de souligner ici qu'une telle situation entache fréquemment la capacité future de cet enfant d'assumer l'éducation de sa propre progéniture en vertu d'une saturation qui peut parfois conduire certains à détester les enfants.

Notons que certaines maternités tardives offrent par contre une réaction tout à fait opposée, que l'enfant soit unique ou non. Loin de verser dans le laxisme, bien au contraire, certains parents appliquent parfois l'encadrement répressif dont ils ont hérité, générant de la sorte une intense colère de l'enfant envers eux et son isolement social en vertu des restrictions excessives dont il est victime. S'il est bien évident que jamais cet enfant ne deviendra un enfant-roi, il pourra par contre devenir aux prises avec un important problème de consommation d'alcool ou de drogues, en amalgame avec une probabilité de structure délinquante.

Tel est effectivement le cas de ce jeune incarcéré de 21 ans dont les parents, deux ex-religieux âgés respectivement de 68 et 64 ans, obligeaient leur garçon, dès le début de sa scolarisation, à des temps d'études supplémentaires les soirs et les matins, dès 6 heures, afin de surmonter ses difficultés de rendement scolaire. Réprimé à souhait, l'épanouissement de sa personnalité a plutôt fait place à l'inhibition, l'introversion, la consommation de psychotropes, puis leur commerce illicite pour lequel il dut purger une sentence.

*La maternité adolescente*

Cette plateforme éducative est devenue inquiétante non seulement en vertu de son incidence élevée, mais surtout parce que ce sont des enfants qui ont des enfants. Examinons en premier lieu la dynamique de la psychologie de la jeune mère qui, le plus souvent seule et issue d'un milieu généralement perturbé et démuni à plusieurs points de vue, s'enfonce littéralement dans les sables mouvants de la compensation affective, pour nous arrêter ensuite sur les particularités de la maternité adolescente alors que la jeune mère continue de séjourner dans sa famille d'origine.

De concert avec l'incidence marquée de l'éclatement des couples et des familles, accompagné de tout leur cortège d'instabilité et de carences affectives, il est de plus en plus fréquent de retrouver de jeunes adolescentes quittant le foyer familial soit par obligation (mise à la porte, violence, inceste), soit par choix personnel (révolte contre le despotisme parental) et recherchant activement la grossesse pour enfin « posséder » une personne à aimer, mais avant tout, quelqu'un de qui être enfin aimées. Tout se passe comme si elles faisaient une sorte de « placement affectif » : plus elles peuvent aimer leur enfant, plus elles s'assurent et visent de l'être en retour. Plus elles donnent, plus elles renforcent leur égoïsme et se font du bien à elles-mêmes de sorte que l'objectif n'est jamais de donner, mais bien de recevoir. Enfermées dans une bulle symbiotique avec leur rejeton qu'elles gavent conséquemment à souhait, elles lui offrent tout ce dont elles ont été privées et maintiennent simultanément à bonne distance ce père pouvant leur subtiliser leur « possession » amoureuse et miner leur plan bien inconscient de compensation affective. Dans l'atteinte de cet objectif, il n'est pas rare que certaines taxent le père d'une violence ou d'un comportement incestueux qui n'existent pas. Nul doute qu'en agissant de la sorte, ces mères fabriquent avec minutie et dans le moindre de ses détails un enfant-roi dominateur (ou anxieux). Le fait de lui donner tout ce dont elles ont été privées soulage non seulement leurs propres besoins et blessures, mais les rassure également en abaissant leur anxiété liée à leur propre peur de ne jamais être aimées.

Ces mères étalent aussi la seconde caractéristique de la perturbation affective affectant leur compétence éducative. Elles éprouvent en effet et la plupart du temps ces vives tendances à la culpabilité (et à l'anxiété) devant toute situation faisant appel à l'affirmation de soi, quoique cette règle ne soit pas absolue, encore une fois. Tel que nous l'avons vu, la raison tient à leur conviction profonde qu'en agissant de façon trop exigeante, elles feront naître chez leur enfant les mêmes traumatismes que ceux dont elles-mêmes ont souffert et augmenteront la probabilité de ne pas être aimées par leur progéniture. Il faut donc retenir ceci que la compensation de ses propres carences affectives, le besoin d'être aimé, l'anxiété liée à la peur de ne point l'être, ainsi que la culpabilité générée par toute action éducative ayant recours à l'affirmation de soi sont les principaux facteurs d'ordre psychologique pouvant favoriser le développement potentiel d'un enfant-roi dans la maternité adolescente.

Envisageons maintenant quelques particularités de cette plateforme éducative lorsque la jeune mère continue de séjourner dans sa famille d'origine. Nous savons tous qu'il est fréquent que ce soit les parents de la jeune mère qui assument l'éducation du rejeton dans une telle situation, permettant de la sorte à cette dernière de se libérer de sa responsabilité afin de poursuivre, par exemple, ses études afin d'assurer son accession éventuelle à l'autonomie complète. Nonobstant l'excellence de plusieurs de ces supports parentaux, il arrive assez fréquemment que ceux-ci versent dans le laxisme, particulièrement lorsqu'ils éprouvent un certain remords quant aux déficiences éducatives dont ils croient s'être rendus coupables auprès de leur fille mère.

Lorsque la famille connaît une dynamique davantage perturbée, que la honte et la culpabilité gèrent la conduite, on assiste parfois à une sorte de coalition du silence à l'intérieur duquel tout le monde s'entend pour soutenir aux yeux de l'enfant que la mère est en réalité sa grande sœur et que la véritable mère est en fait sa grand-mère. Une telle situation éducative risque d'élever la probabilité du développement d'un enfant-roi en vertu non seulement de l'apport de la culpabilité et de la honte, mais également de celle de la surprotection. Je reviendrai plus loin sur ce thème.

Lorsque le silence est brisé et que cette information devient portée à la conscience de l'enfant, le plus souvent à un âge tardif, l'impact est le plus souvent dévastateur. Une sensation de trahison émerge alors et il n'est pas rare que les relations avec la famille se rompent et que cet enfant développe une méfiance chronique envers sa mère puis autrui, portant atteinte à sa capacité d'intimité ultérieure.

C'est le cas d'un ingénieur de formation n'entretenant aucune relation avec sa famille depuis le moment où cette coalition du silence a été rompue alors qu'il était âgé de 16 ans. Au niveau de l'intimité, son insécurité est pathologique au point où il n'a cesse de se retirer de toute relation pour des motifs étonnamment banals et dépassant l'entendement. Il a ainsi développé l'allergie de son traumatisme : la crainte de la trahison et de la souffrance, s'il lui advenait de faire à nouveau confiance, lui interdit actuellement tout engagement avec quelque femme que ce soit. Plus il aime, plus il épie sa partenaire afin de trouver les failles de sa conduite pouvant justifier son retrait de la relation. De façon générale, lorsque cette perturbation affective s'accompagne en plus de la majorité des caractéristiques de l'enfant-roi, on voit la tâche colossale de cette personne devant l'élimination de ses difficultés et son retour conséquent à l'équilibre personnel.

*Le conjoint substitut*

Avec la surprotection, la maternité adolescente et la famille monoparentale, j'estime que cette dynamique toxique de conjoint substitut est celle offrant l'incidence la plus élevée parmi les facteurs propices au développement de l'enfant-roi. Comme son nom l'indique, cette position définit l'enfant se substituant à un parent auprès de l'autre, le plus souvent en vertu d'une relation affective détériorée entre ces derniers. Une telle dynamique voit le jour tant au sein des familles unies, en situation de déception du partenaire ou de despotisme d'un des deux parents, que dans les familles monoparentales, alors qu'un des enfants remplace ici un conjoint absent suite à la séparation du couple ou suite au décès de l'un d'eux.

De façon générale, le conjoint substitut est habituellement le résultat de l'élection d'un enfant à ce poste, quoiqu'il existe des situations où c'est ce dernier qui décide unilatéralement de cette position dans la dynamique de la famille.

Je tiens à souligner de nouveau la règle générale voulant que l'élection d'un conjoint substitut demeure conséquente à une déficience de la relation affective entre les parents. Il existe bien sûr des exceptions, mais elles sont rarissimes. Dans un second temps, même si l'élection d'un conjoint substitut s'adresse tout autant au garçon qu'à la fille, j'ai toutefois observé que la situation où la mère élit un de ses fils à ce poste est de loin plus fréquente que celle où c'est le père qui agit de la sorte avec l'une de ses filles. Nonobstant ces deux possibilités, il est fréquent que le parent nourrisse une importante jalousie lorsque son « nouveau partenaire », parvenu à la fin de sa puberté ou au début de son adolescence, développe une relation d'attachement avec un partenaire de son âge. Se sentant délaissé, il pourra agir de façon à détruire l'image et l'intégrité de ce rival, quand il n'intervient pas de façon à interdire purement et simplement cette relation.

Outre la situation bien évidente d'une probabilité de développement d'un profil d'enfant-roi, conséquemment au gavage affectif dont le conjoint substitut est généralement le bénéficiaire absolu, une telle dynamique fait naître des perturbations supplémentaires, lesquelles méritent d'être soulignées ne serait-ce que pour le bénéfice de vos connaissances personnelles. Lorsque la mère procède à l'élection d'un conjoint substitut, l'emprise accompagnant cette action s'étend habituellement dans la vie future de son enfant, c'est-à-dire lorsque ce dernier quitte le domicile familial. Ce phénomène est fréquent et nocif au point où l'envahissement du couple par la belle-mère est un des facteurs les plus importants dans l'éclatement des couples, particulièrement dans certaines cultures comme en Italie où il existe maintenant un regroupement des belles-filles dont l'action principale vise l'élimination de l'emprise de la mère sur leur fils. Dans de tels cas, il est fréquent de retrouver non seulement des enfants-rois mais également des enfants aux prises avec d'intenses problèmes d'angoisse, témoins des sensations d'étouffement et de colère réprimée contre l'emprise de la mère.

Cette poursuite de l'emprise de la mère dans la vie personnelle de son conjoint substitut souligne en cela une différence fondamentale animant les réactions du «mâle» et de la «femelle»; alors que cette dernière étend ses filets de surprotection et de contrôle dans la vie personnelle de son enfant, tel est rarement le cas pour le père qui tend plutôt à limiter cette action au territoire familial. Il est ainsi rare de voir le père poursuivre le développement de son emprise alors que l'enfant a quitté la demeure familiale, quoique cette situation puisse se produire à l'occasion.

Le second danger de cette dynamique de l'élection d'un conjoint substitut émerge en situation d'incompétence réelle du parent victime de cette substitution. La plupart du temps, le parent élisant un enfant à ce poste aura fortement tendance au dénigrement de l'autre, contribuant de ce fait à la destruction de l'image idéalisée qu'en nourrit l'enfant et à la culture occasionnelle de la colère envers lui. Encore une fois, cette dynamique est le plus souvent le lot de la mère. J'ai soutenu de nombreuses femmes en démarche de changement et qui découvraient un tel subterfuge chez leur mère à leur endroit pour devenir conscientes que leur père, perçu et décrit comme un être abjecte, était en fait le plus sain des deux et qu'il avait subi toute sa vie durant la tyrannie de sa conjointe. Inutile d'insister ici sur les blessures affectives associées à telle prise de conscience, sans compter la colère envers la mère et son rejet, ainsi que la culpabilité d'avoir maintenu une distance affective et rageuse envers le père. Il est fréquent dans de telles situations que le désir de l'enfant, maintenant adulte, d'un rétablissement de relations affectives de qualité avec le père se butte à des interventions de la mère qui s'interpose jalousement de façon à ce que cette récupération de la relation n'ait jamais lieu. La peur d'être moins aimée que le père ainsi que la colère issue de la perte de contrôle de la situation gèrent ici sa conduite.

Un troisième danger risque de voir le jour dans le cas où le parent «évincé» verse dans une réaction de jalousie envers celui de ses enfants qui lui vole sa place. Le rejet agressif que risque alors de subir l'enfant s'exprime habituellement par l'intermédiaire de comportements d'agression verbale, de violence physique, de jugements destructeurs ou dans certains cas par l'ignorance, inscrivant dès lors l'enfant dans un rôle de bouc émissaire (l'équivalent du «Vilain petit canard», dans le respect de l'appellation française). L'enfant devient alors doublement piégé : l'emprise du parent du sexe opposé et le rejet du parent du même sexe, tout en poursuivant le développement de son profil d'enfant-roi.

On imagine aisément l'ampleur des difficultés potentielles lorsque le père procède à l'élection d'une de ses filles au poste de conjointe substitut. Il se développe alors non seulement un danger d'inceste, mais également une lutte de pouvoir entre elle et sa mère ; à la lumière des tensions affectant la rivalité «femelle», dans le respect de la gent féminine, on imagine aisément les conséquences sur le développement de sa confiance en soi, de son estime de soi ainsi que de son identité féminine.

Un quatrième danger apparaît lorsque le parent «électeur» arbore une conduite de violence et de rejet systématiques envers les autres enfants et son conjoint, situation où c'est habituellement le père qui agit de la sorte. L'enfant alors élu à ce poste pourra présenter les deux profils de l'enfant-roi, pour autant, bien sûr, que le laxisme éducatif alimente l'attitude éducative du parent agresseur. L'enfant-roi dominateur profitera évidemment à outrance de cette manne affective lui tombant du ciel non seulement en ignorant les agressions dont sa fratrie est victime, mais parfois en la stimulant de façon à s'assurer de l'exclusivité affective et matérielle dont il se gave.

À l'inverse, l'enfant-roi anxieux, figé à la fois par la peur de l'agression de son père et par la déception potentielle qu'il risque de générer en situation de refus de son affection, demeure plutôt soumis à ce despotisme affectif pour devenir victime d'intenses sentiments de culpabilité d'être aimé de la sorte pendant que ses frères et sœurs subissent le rejet et la violence. Parvenu à l'âge adulte, il aura tendance aux comportements autopunitifs et autodestructeurs en vertu de la culpabilité maintenant aux commandes de la conduite. C'est ainsi qu'il pourra éprouver un attrait (inconscient) pour un partenaire tout aussi destructeur que le parent violent dont il a été aimé et qu'il agira de façon à se retirer de toute relation pourvoyeuse d'affection, convaincu de ne point mériter l'affection. Sa vie ne sera qu'un interminable pèlerinage vers l'autodestruction.

Regardons deux situations vécues soulignant ces relations entre l'élection d'un garçon et d'une fille au poste de conjoints substituts et le développement d'un profil d'enfant-roi dominateur. Mon objectif ici est double : vous démontrer à quel point certaines dynamiques d'enfant-roi peuvent afficher un degré de complexité rendant parfois impossible la récupération des dommages causés et vous permettre, dans un second temps, une compréhension davantage approfondie des différents facteurs affectifs parfois camouflés derrière une telle dynamique.

Le premier exemple est celui d'une enfant unique issue d'un couple dont la dynamique est des plus perturbées. La mère est d'une froideur exemplaire et ne désire surtout pas d'enfants. Issue d'un milieu alcoolique et violent, elle demeure aux prises avec un besoin trop vital d'être elle-même aimée pour être en mesure d'aimer un enfant. Cette souffrance soutient en elle une colère qui atteint un sommet lorsqu'elle apprend qu'elle est enceinte. Après de vaines tentatives autonomes d'avortement, elle s'empresse de punir son conjoint qu'elle rend directement responsable de cette grossesse en l'avisant dans la minute suivant son retour d'accouchement que c'est « sa » fille et que son éducation est maintenant de son entière responsabilité. Elle rejette donc cette enfant avec fureur et jamais ne sera-t-elle capable de la moindre attention et affection envers elle.

L'analyse de l'histoire personnelle du père indique également la présence de profondes blessures affectives. Totalement privé d'amour et d'affection tout au long de son développement par des parents également alcooliques, prêt à tout pour se sentir aimé, il se donne corps et âme à l'éducation de sa fille avec qui il s'enferme rapidement et intensément une bulle relationnelle à l'intérieur de laquelle il joue le rôle de la mère aimante et gave sa fille de toute l'affection dont il aurait aimé lui-même être comblé. On retrouve ici le facteur de la compensation des blessures affectives chez le père ainsi que la présence conséquente du laxisme éducatif.

L'analyse du développement de cette relation de totale fusion entre cette petite fille et son père indique l'apparition de désirs incestueux, mais totalement inconscients chez ce dernier alors que l'enfant n'est âgée que de 5 ans. Lors de mon expertise psycholégale, ce père me partage en effet le souvenir d'une réflexion personnelle à l'effet que sa fille représentait d'ores et déjà à cette période de son développement tout ce qu'il désirait d'une femme adulte et que c'est de cette façon qu'il aurait toujours voulu être aimé.

Cette enfant-roi poursuit allègrement son développement pour verser rapidement dans de sérieux problèmes de comportements à la puberté. Conservant son impulsivité d'enfant de 4 ans, gâtée à souhait par le père et continuant de subir le rejet agressif de sa mère, elle amorce à 14 ans une phase hédoniste du développement de sa sexualité, appuyée par une forte consommation d'alcool et de drogues illicites, substances renforçant bien évidemment une tendance au plaisir et à la satisfaction déjà aux commandes de la personnalité depuis l'enfance.

Maintenant bisexuelle, c'est ainsi qu'elle recherche l'intensification de sa compulsion au plaisir que lui procurent ses relations tant avec des garçons que des filles de son âge. Préférant toutefois les relations homosexuelles, choix probablement dicté par la recherche d'une mère substitut dans la gent féminine ainsi que par son incapacité de s'attacher à un autre homme que son père, elle fait ses premières avances sexuelles à ce dernier en lui suggérant des «relations à trois» avec son amie de cœur. Le père, outré par une telle demande, résiste pendant plusieurs mois à cet demande pour finalement succomber et s'adonner à cette activité ; il aura ainsi des relations de nature incestueuse avec sa fille, liquidant son désir jusque-là réprimé d'une relation avec ce substitut d'une femme adulte et aimante. Lorsque la mère découvre l'inceste alors que le couple est séparé et que la jeune fille est maintenant âgée de 18 ans, elle pousse cette dernière à intenter des poursuites judiciaires, motivée davantage et une fois de plus par son désir de vengeance plutôt que par l'aide psychologique dont avait maintenant besoin sa fille. Le père sera incarcéré.

Voilà donc un premier exemple concret d'une dynamique des plus perturbées que peut camoufler le développement d'un enfant-roi, lorsqu'une fille devient élue au poste de conjointe substitut. Vous aurez sans doute compris avec moi que la rééducation d'un enfant-roi dépasse parfois et largement le simple fait de contrer les comportements d'un enfant gâté. La réalité revêt parfois une bien plus grande complexité. Examinons maintenant une seconde situation, tributaire maintenant de l'élection par la mère du seul garçon de la famille au poste de conjoint substitut.

L'analyse de la dynamique familiale indique l'emprise d'un père grandement autoritaire régnant en roi et maître sur ses « loyaux » sujets. Les quatre enfants, trois filles et un garçon, ainsi que la mère lui sont parfaitement soumis. Très tôt dans l'enfance de son unique garçon, cette mère établit une relation de conjoint substitut à l'intérieur de laquelle elle autorise tous ses caprices et le nourrit évidemment de toute l'affection qu'elle n'est pas en mesure ni de donner ni de recevoir d'un conjoint froid, distant et qui verse très tôt dans une jalousie féroce envers son fils au point de s'attaquer à ce rival en le dénigrant et parfois en le molestant physiquement.

Lorsque le père décède, cet enfant maintenant âgé de 41 ans s'installe immédiatement aux commandes de « sa » famille pour dicter à son tour et avec le même despotisme paternel les conduites de ses sœurs et de sa mère. Liquidant sa colère amassée pendant des années de traitement identique de la part de son père et en conformité avec la psychologie de l'enfant-roi, il assouvit en même temps son plaisir lié à l'exercice du pouvoir. Jamais ne supporte-t-il donc quelque opposition que ce soit.

La mère, aux prises avec des désirs incestueux inconscients, continue de demeurer en totale adoration devant son fils et de boire ses paroles. Lui obéissant au pied de la lettre tout comme elle le faisait devant son conjoint, elle enjoint ses filles au développement des mêmes attitudes en soulignant la justesse absolue du raisonnement et des demandes « intelligentes » de leur frère. Comme il fallait s'y attendre, cet enfant-roi de 41 ans possède comme seul partenaire de vie un carnet bancaire lui rappelant sa fortune.

Cet enfant-roi, colérique et dominateur, fait actuellement face à un problème de taille : une de ses sœurs, consciente de la dysfonction familiale, a récemment décidé d'établir une distance affective et physique avec tous ses membres, sans exception. Tout aussi dominateur que son père, cet enfant-roi de 4 ans dans un corps adulte de 41 ans utilise, avec l'appui de sa mère, les menaces, le chantage, ainsi que tous les subterfuges que lui permet son intelligence, et elle est grande, pour s'assurer du retour au bercail de la «brebis égarée» et de sa parfaite soumission à sa volonté. Comme le processus thérapeutique de cette patiente lui a heureusement permis de contrer la toxicité de la culpabilité qui la cimentait jusqu'à récemment à sa famille, c'est avec succès qu'elle parvient à résister à ces agressions de son frère et à supporter la pénible sensation d'être devenue une orpheline. Tel était cependant le prix de sa liberté.

Avant de terminer cette partie sur le conjoint substitut et pour le bénéfice des lecteurs oeuvrant dans des milieux de rééducation, j'aimerais souligner rapidement ici que lorsque l'élection d'un enfant au poste de conjoint substitut se double d'une emprise despotique ou d'une enveloppe protectrice de la mère, la probabilité d'un développement pédophile augmente grandement. On retrouve en effet et la plupart du temps dans ce type de déviance une emprise de la mère telle que le développement affectif de l'enfant s'est cristallisé dans l'enfance. Seul le corps a poursuivi sa maturation de sorte que le pédophile, enfant dans l'âme, utilisera une sexualité maintenant adulte pour s'adonner à des relations avec des enfants parce que c'est en fait ce qu'il est, un enfant. On peut dès lors imaginer le défi rééducatif que peut alors représenter une dynamique nourrie à la fois par une psychologie d'enfant-roi dominateur amalgamée à une structure pédophile.

*La famille recomposée et monoparentale*

Je me rappellerai toujours la sagesse de cette remarque d'une dame : «Vous savez, avant, les parents avaient beaucoup d'enfants alors que maintenant, ce sont les enfants qui ont beaucoup de parents !» Telle est évidemment la principale conséquence de l'éclatement des couples et des familles, avec toute l'instabilité ainsi que la confusion générée par la multitude des valeurs auxquelles l'enfant devient invariablement confronté avec la reconstitution d'une nouvelle famille.

Nous avons vu que certaines dynamiques caractérisant autant les familles unies que monoparentales sont favorables à l'émergence d'un enfant-roi au travers le rôle électif de conjoint substitut. Toutefois, lorsque la famille monoparentale devient plutôt la conséquence de la séparation des parents et que des familles recomposées voient ensuite le jour, des facteurs autres que celui du conjoint substitut font leur apparition pour contribuer au développement d'un enfant-roi. Il convient donc d'en examiner quelques aspects.

Nonobstant une minorité en profitant pour poursuivre le délestage de leur responsabilité parentale dans de telles situations, situation fréquente chez les pères aux prises avec l'hédonisme, l'alcoolisme ou la toxicomanie, il est fréquent que le parent privé de la garde des enfants devienne victime d'une situation de droits de visites lui laissant peu d'occasions de satisfaire son besoin ainsi que son désir d'implication éducative. C'est ainsi que l'utilisation d'une certaine abondance matérielle et d'une trop grande permissivité, outils par lesquels il cherche à démontrer son affection à ses enfants et s'assurer de la réciproque, aura comme conséquence la culture inévitable d'un certain laxisme éducatif et l'élévation d'une probabilité de développement d'enfant-roi. C'est un peu le «N'oubliez pas que je vous aime aussi!». On aura deviné ici que c'est particulièrement la culpabilité, la tristesse ainsi que la peur de l'abandon qui viennent soutenir de telles attitudes.

Les réactions du parent bénéficiaire de la garde des enfants peuvent alors revêtir deux formes devant ce laxisme. Dans un premier temps, on pourra observer le développement d'attitudes identiques à l'intérieur desquelles se développe alors une compétition profondément immature entre le père et la mère, dont l'enjeu devient l'affection des enfants : c'est à celui qui réussira à se faire aimer le plus de ces derniers. Les enfants bénéficient alors d'un laxisme maximal, issu de la guerre affective que se livrent leurs parents nourris bien sûr par la jalousie, mais aussi et surtout par la peur parfois morbide de perdre la bataille et de devenir le parent le moins aimé. Cette relation de pouvoir débouche le plus souvent sur une accusation mutuelle quant aux difficultés de comportements que développe alors leur progéniture, laquelle se faufile habilement au travers cette dynamique pour s'enraciner dans une personnalité d'enfant-roi.

Le deuxième type de réaction est évidemment à l'opposé de cette dynamique, mais tout aussi fréquent. Le parent bénéficiaire de la garde de l'enfant cherche alors à contrecarrer l'action du parent laxiste avec les risques d'une perception négative de l'enfant à son endroit et parfois de son désir de rejoindre l'autre parent, plus permissif. L'inverse peut bien sûr se produire de sorte qu'il peut revenir au parent bénéficiaire des visites de contrecarrer l'action laxiste de l'autre.

Peu importe cependant la nature de ces réactions, il n'en demeure pas moins que la dualité à laquelle fait face l'enfant nourrit inévitablement une confusion majeure au plan du développement de ses valeurs. Dans un tel cas, inutile de souligner l'ampleur de la tâche éducative du parent « conscient » en vertu des efforts gigantesques et répétitifs à fournir pour briser à chaque retour de visite l'élan vers le laxisme que vient d'injecter l'autre. Et cette tâche du parent conscient devient évidemment décuplée lorsque l'autre, coupable de laxisme, est lui-même un enfant-roi.

En ce qui concerne maintenant la dynamique de la famille monoparentale, vous aurez deviné que c'est dans une telle circonstance que le phénomène de la compensation affective risque de connaître son apogée. Issue tout autant de la maternité adolescente que de la rupture élevée des couples et des difficultés inhérentes à la reconstruction des tissus relationnels, la famille monoparentale contribue de façon significative à l'avènement de l'enfant-roi en vertu non seulement de la fréquence du laxisme éducatif caractérisant sa dynamique, mais également en fonction même de l'absence d'un père.

Ce dernier facteur affecte profondément le développement de l'enfant et ce, pour de multiples raisons. Près d'un enfant sur cinq, issus de familles disloquées, souffrent d'une rupture graduelle puis définitive des relations avec leur père au bout de cinq ans. Même si la paternité résulte d'un apprentissage, comparativement à la maternité demeurant un fait biologique, le père joue pourtant un rôle majeur dans la vitesse avec laquelle l'enfant accède à son autonomie ainsi qu'à sa confiance en lui. En effet, un des premiers rôles du père est de s'immiscer entre la mère et l'enfant afin de provoquer le plus tôt possible la rupture de la relation symbiotique et de l'en détacher. Lorsque la séparation du couple entraîne son retrait du portrait éducatif, non seulement l'enfant s'expose-t-il à un développement voisin de celui de l'enfant-roi, mais il risque en outre la poursuite de la relation symbiotique avec sa mère et son maintien conséquent dans l'immaturité.

Le deuxième rôle du père réside dans l'importance de sa présence auprès de sa fille. Comme la nature a prévu dans l'espèce humaine que la responsabilité de l'attrait sexuel est dévolue à la femelle, cette relation père—fille revêt donc une grande importance puisque le père devient en quelque sorte le premier mâle à qui elle s'attache et qui, par voie de conséquence, assume et doit assumer une responsabilité de reconnaissance de la féminité de sa fille. Toute mère recevant la garde des enfants et qui, dans son égocentrisme et dans sa volonté malheureuse d'évincer son conjoint, agit de façon à priver sa ou ses filles d'une relation de qualité avec le père, pour autant que celle-ci soit disponible, porte atteinte au développement de leur identité féminine. Le lecteur intéressé à ce sujet de la blessure dans la relation père—fille aurait tout intérêt à lire l'ouvrage de Linda Schierse Leonard[16].

Finalement, le père joue un rôle primordial et irremplaçable dans le processus d'identification du jeune garçon ainsi que dans l'adoption de comportements masculins et l'apprivoisement de l'énergie agressive. De nombreux hommes m'ont rapporté d'intenses difficultés dans le processus d'acquisition de leur identité en vertu même de cette absence d'un père. Coincés à l'intérieur de modèles de comportements exclusivement féminins tenant l'enfant et particulièrement le garçon à l'écart de tout comportement agressif[17], côtoyant pour la plupart un personnel exclusivement féminin durant les six premières années de leur scolarisation, c'est sans aucune référence masculine qu'ils tentaient de découvrir leur identité ainsi qu'un sens à leur vie. Sur un plan historique, actuellement soutenue par les pures et dures du mouvement féministe, la mère s'arroge maintenant et de plus en plus la possession exclusive de l'enfant, tout comme si elle était hermaphrodite, créant des conditions de développement des plus dangereuses pour le futur équilibre psychique des garçons, sans compter la contribution indéniable de cette conduite au développement d'enfants-rois.

Certaines situations affectant la famille monoparentale correspondent bien sûr à d'autres dynamiques. Il arrive encore trop fréquemment que de nombreux pères brillent par leur absence de toute implication éducative et ce, pour diverses raisons. Si les enfants, coincés entre la commande de détester leur père, d'une part,

---

16  Leonard, L.S. (1990). *La fille de son père*, Le Jour.

17  Le lecteur intéressé à une réflexion sur l'importance de la présence du père aurait tout intérêt à consulter l'ouvrage de Ferrand, S. (2003). *Papa, à quoi sers-tu ?*, Option Santé.

et d'autre part leur désir de loyauté et d'authenticité envers lui, peuvent afficher différents types de réactions tout le long de ce continuum, l'enfant-roi saura quant à lui tirer tous les bénéfices de cette compétition immature entre ses deux parents.

Finalement, ce qui étonne parfois dans le phénomène de la famille monoparentale, c'est que le parent assumant la charge éducative est lui-même un enfant-roi. À titre d'exemple, ce jeune homme de 29 ans venant de s'engager depuis quelques mois dans une relation avec une mère de 34 ans assumant seule l'éducation d'une jeune fille de 12 ans. Il me consulte dans les buts de comprendre les motifs d'un comportement à tout le moins interrogeant chez sa nouvelle conjointe et de cerner les meilleures réactions d'adaptation pouvant favoriser son élimination.

La situation à l'origine de la démarche de monsieur est la suivante. Bien qu'il éprouve un attachement réel et sincère pour cette dame, c'est rapidement qu'il s'est rendu compte du gouffre financier auquel il s'exposait en présence de la compulsion aux dépenses chez cette dernière. Comme il venait à peine de s'engager avec celle-ci et redoutant une exploitation financière de sa personne, il refusait de partager un compte conjoint, décision somme toute intelligente en les circonstances. N'en pouvant plus de subir un tel refus, madame se jette un soir par terre pour verser alors dans une crise majeure de frustration ; frappant le sol des pieds et des mains, elle s'empare des objets disponibles autour d'elle pour les lancer au travers la pièce tout en jurant et en invectivant mon client : spectacle désolant d'une enfant de 4 ans en colère, performé par un corps adulte de 34 ans qui possède pourtant la responsabilité éducative d'une jeune pubère de 12 ans.

Les quelques informations recueillies tout au long des rencontres indiquaient que le malheureux évoluait en relation avec une enfant-roi. Enfant unique de surplus, elle avait été gavée à souhait de tous ses caprices par une mère aux fortes tendances à la soumission ainsi qu'à une gestion de vie axée sur le besoin d'être aimée. Cette mère, abandonnée par son conjoint alors que l'enfant n'est âgée que de seulement quelques mois, partage à son nouveau gendre qu'elle a jeté tout son dévolu sur sa fille (conjoint substitut) et qu'elle a toujours éprouvé des difficultés à «raisonner» cette dernière devant ses réactions de frustrations. La mère rapporte également qu'elle avait maintenant décidé de lâcher prise suite à une gifle subie de la part de sa fille, il y avait quelques mois, en réaction à son refus d'un don d'argent.

La monoparentalité contraint parfois le parent, le plus souvent la mère, à un retour au bercail en vertu d'une situation financière difficile. Les grands-parents risquent alors d'offrir une contribution non négligeable au développement du petit roi ou de la petite reine afin de panser eux aussi les affres de la séparation du couple auprès du petit. Certains d'entre eux agissent toutefois de la sorte pour une toute autre motivation, comme par exemple la compensation d'une sensation d'échec et de culpabilité devant les difficultés de leur fille, particulièrement si cette dernière arbore une problématique de consommation. J'ai eu à intervenir auprès d'une telle situation alors que la mère de l'enfant avait été totalement évincée du portrait éducatif par sa propre mère, personne dominatrice à souhait et qui s'était emparée de la possession de sa petite fille dans l'objectif de réussir là où elle avait échoué avec sa propre fille. Elle a de ce fait mis en place toute une dynamique contributive au développement d'une enfant-roi anxieuse ; maintenant âgée de 19 ans, cette jeune fille consomme des antidépresseurs depuis l'âge de 13 ans. En ce qui concerne la mère, la culpabilité de n'avoir joué aucun rôle significatif durant la croissance de son enfant a évidemment contribué au soutien de cette dynamique d'enfant-roi par la satisfaction de ses désirs et caprices.

Les enfants-rois anxieux, issus de ces dynamiques aux multiples facettes et propres à la famille monoparentale, risquent dans certains cas le développement de sérieux problèmes d'attachement, affectant leur capacité d'engagement ultérieur dans une relation d'intimité. J'ai observé le développement de cette difficulté en présence d'un enfant-roi anxieux qui, privé de relations avec son père suite à son décès, s'est attaché de façon significative à chacun des partenaires déambulant dans la vie de sa mère. Les ruptures successives ont entraîné l'accumulation d'une grande peine, laquelle a tôt fait de conduire l'enfant à un refus complet d'attachement par crainte d'une nouvelle blessure affective et malgré la présence de son besoin criant d'une relation avec un père. Cette réaction d'adaptation était devenue pour lui la seule façon de se protéger contre l'angoisse de séparation, compromettant alors ses chances de tout attachement ultérieur à l'âge adulte par crainte d'une reconduction de la même expérience. Ce processus était d'ailleurs enclenché alors que le jeune, maintenant âgé de 16 ans, agissait de façon à se retirer des relations à l'intérieur desquelles il tombait amoureux.

*La surprotection*

Davantage caractéristique du comportement maternel et ne cessant d'augmenter en fréquence, la surprotection est une attitude éducative au visage complexe. Même si elle engendre la plupart du temps des enfants-rois soumis et anxieux, elle peut bien sûr cultiver des enfants-rois dominateurs.

Il faut retenir en premier lieu que la surprotection nourrit la plupart du temps un volet de contrôle. Le corridor éducatif devient étroit au point où l'enfant n'a d'autres choix que d'obéir aux demandes du parent en question, le plus souvent gentil, attentif et sympathique, mais réagissant avec colère et menaces ou avec pleurs et anxiété lorsque ses demandes sont ignorées ou non comblées. Dans cette dernière gamme de réactions, vous l'aurez deviné, les pleurs sont l'équivalent d'une agression, compte tenu de leur objectif visé : l'asservissement de l'enfant au pouvoir du parent par l'intermédiaire de la production de culpabilité.

De plus en plus confus quant aux comportements à adopter, confronté à un amour conditionnel, mais combien généreux et réclamant des demandes précises à combler, c'est rapidement que l'enfant pourra devenir soumis à ces dernières. Ce parent à la fois surprotecteur et contrôlant fabrique le plus souvent des enfants-rois anxieux, soumis, insécures, qui n'ont d'autres choix que de taire leur véritable personnalité de façon à se sentir aimés et à éviter une colère ou une déception parentale risquant de faire naître en eux la culpabilité ainsi que l'anxiété d'une perte de l'amour de ce parent. Par contre, s'il advenait qu'un de ces enfants se caractérise par une forte pulsion agressive, nous pourrions assister au développement d'un enfant-roi dominateur ainsi qu'à sa révolte contre cet abus de pouvoir déguisé en surprotection, lors de son passage à la puberté.

Le profil type du parent surprotecteur se construit le plus souvent à partir de carences affectives, génératrices d'anxiété et de colère. En surprotégeant ses propres enfants, il abaisse ainsi la présence de ces deux affects : il diminue son anxiété en donnant à ses enfants ce dont il a été privé et les protégeant contre les dangers de la vie, puis assouvit sa colère par l'exercice du contrôle.

Une autre origine de la surprotection réside chez le parent qui rejette l'enfant à sa naissance. Devenant aux prises avec une intense culpabilité, il pourra alors verser dans une surprotection dont l'intensité sera directement proportionnelle au rejet inconscient meublant sa vie affective. Un exemple simple serait celui d'une mère désirant ardemment une fille. Lorsqu'elle apprend qu'elle vient d'accoucher d'un troisième garçon, elle le rejette pour ensuite se rendre à l'évidence qu'elle n'a d'autres choix que de l'accepter. Elle verse alors dans la surprotection pour s'assurer durant le reste de sa vie qu'elle aime bel et bien ce troisième enfant et qu'elle ne le rejette plus ; il s'agit là pour elle de la seule façon d'éliminer la présence de la culpabilité engendrée par le rejet initial de son enfant. Nous retrouvons ici encore les possibilités de développement d'un profil d'enfant-roi dominateur ou anxieux, ainsi que celui d'un enfant soumis ou révolté ; tout dépendra de l'issu de la rencontre entre l'intensité du comportement dominateur accompagnant la surprotection et celle de la pulsion agressive de l'enfant.

Voici à titre d'exemple concret le fonctionnement à l'âge adulte d'une enfant-roi anxieuse de 32 ans, victime de surprotection. Sa mère possède une clé de l'appartement de sorte qu'elle s'y rend fréquemment et à son gré, sans jamais prévenir de sa visite. Il arrive donc à ma patiente de subir les conséquences de telles visites lorsque, durant son absence, certains aspects de la décoration de l'appartement ont été modifiés ; déplaçant au gré de ses désirs certains cadres ainsi que certains éléments de l'ameublement, la mère continue pour ainsi dire la gestion unilatérale et envahissante du nouveau territoire physique de sa fille. À l'occasion, elle peut également faire irruption alors que sa fille est au lit en pleine relation amoureuse avec son conjoint qui supporte de plus en plus difficilement cette intrusion de sa belle-mère dans sa vie privée et on peut le comprendre.

Mise au défi par son conjoint de régler la situation et cherchant désespérément à se défaire de l'angoisse autrement que par une consommation d'anxiolytiques, elle demeure aux prises avec une intense dualité affective : son amour pour une mère qui l'a affectueusement protégée contre les difficultés de la vie, d'une part, et d'autre part sa colère intense d'être ainsi envahie puis étouffée par une agresseur dans son intimité. Dans sa démarche thérapeutique, cette patiente prend conscience des choix suivants : elle accepte la situation, tout en payant le prix de son angoisse, ou elle se libère de l'emprise de sa mère, tout en payant le prix de la culpabilité que pourrait générer la réaction affective de cette dernière. Ce n'est qu'après plusieurs séances cliniques qu'elle ose exiger la remise de la clé de son appartement et qu'elle affronte l'intense culpabilité qui l'envahit, stimulée par les pleurs agressants de la mère qui cherche désespérément la récupération du contrôle en voie de lui échapper.

Au travers les propos rapportés par sa fille, le développement de cette mère indique un vécu pétri de carences affectives ainsi qu'une relation de domination subie par sa propre mère. Par son amour excessif envers sa fille, elle s'assure bien évidemment de lui donner tout ce dont elle a été privée, mais se rend coupable en même temps d'un abus de pouvoir dont elle a besoin pour la liquidation de l'intense colère qui l'habite depuis son enfance, reproduisant en cela et tout à fait inconsciemment le même type d'abus dont elle a été la parfaite victime. La seule différence est qu'elle est une mère aimante. Quant à sa fille, son profil d'enfant-roi anxieux lui conférait un caractère velléitaire, c'est-à-dire que jamais donnait-elle suite à ses décisions, ainsi qu'une structure d'intense dépendance affective à l'intérieur de laquelle elle avait tendance à confier les rennes de sa vie à ses conjoints, poursuivant en cela une relation de soumission analogue à celle qu'elle avait entretenue avec sa mère.

Le portrait devient nettement différent lorsque la surprotection ne s'accompagne pas de tendances au contrôle. Le laxisme prend alors le dessus de sorte que c'est plutôt l'enfant qui s'empare rapidement du contrôle sur le parent. C'est bien évidemment ici que se développe plus particulièrement notre enfant-roi dominateur.

Victime de carences affectives et évoluant en relation de couple avec un homme qu'elle adore, une mère de 36 ans surprotège son enfant de 5 ans à outrance. Nettement engagée dans une éducation de compensation affective, c'est depuis la naissance qu'elle la couche avec elle et satisfait la totalité de ses besoins, désirs et caprices. La surprotection est telle qu'une visite récente au médecin inquiète et commande un prélèvement sanguin dont l'analyse révèle une anémie alarmante, à proximité de réclamer une transfusion sanguine. L'examen de son alimentation indique que l'enfant boit encore tous ses liquides au biberon, qu'elle utilise encore sa sucette et qu'elle ne mange pour ainsi dire aucune nourriture solide.

Dominant sa mère de façon outrancière, elle est une enfant-roi gérant déjà à cet âge la dynamique familiale au point où monsieur a décidé de faire chambre à part pour s'assurer de nuits davantage réparatrices. Les interventions ont permis à ce jour la récupération du pouvoir et de la gestion du territoire familial par les parents. On est sur le point d'éliminer le biberon ainsi que la sucette et l'enfant s'alimente maintenant de nourriture solide de sorte que son taux de fer, soutenu par une médication à cet effet, se rapproche maintenant de la normalité. La joie et l'énergie sont revenues chez l'enfant qui réagit fort bien au nouveau cadre éducatif. On voit ici que la surprotection peut aller jusqu'à porter dangereusement atteinte à la santé physique d'un enfant, sans compter bien évidemment les perturbations affectives risquant de voir le jour.

Il importe ici de considérer le rôle majeur de la culpabilité chez les parents cultivant la surprotection. En remontant aux racines de leur développement et tel que discuté lors de la définition du phénomène de la compensation affective, on découvre aisément qu'ils ont suffisamment souffert d'un abus agressif de leurs propres parents pour qu'ils se soient faits une espèce de promesse à eux-mêmes à l'effet non seulement d'offrir à leur enfant ce dont ils ont été privés, mais également et surtout de ne jamais reproduire ce qu'ils ont subi. De la sorte, ils demeurent aux prises avec une incapacité de toute intervention adéquate devant une situation réclamant pourtant de leur part l'affirmation de soi et la revendication de changements de conduite chez leur enfant. Bloqués par la culpabilité qu'ils craignent de ressentir en de telles situations, ils répriment leur propre agressivité, essentielle à la mise en place d'actions éducatives davantage fermes devant certaines situations. Les deux composantes de cette promesse faite à soi-même de ne jamais reproduire ce qui a été subi et d'offrir ce dont on a été douloureusement privé sont les deux principaux moteurs dynamiques de la surprotection qui, finalement, traduit la présence optimale de la compensation affective.

Dans des cas relativement fréquents, la surprotection affiche des chefs d'œuvre d'inconscience et engendre des conséquences dramatiques, particulièrement lorsqu'elle fabrique des enfants-rois à la fois anxieux et dominateurs. Je soutiens actuellement une dame aux prises avec des problèmes d'angoisse majeure, sauf lorsqu'elle est en retrait du travail comme ce fut le cas récemment pour son congé de maternité. Elle rapporte que sa mère, des plus surprotectrices, a injecté en elle une crainte telle de la réalité extérieure durant son développement que tout hors de la maison revêtait un danger potentiel et parfois machiavélique. Éduquée pour ainsi dire à la peur, la mère lui rappelait non seulement le danger de la vie, mais également des voitures... qui « mangent les petits enfants ! ». On peut comprendre dès lors l'intensification de l'angoisse au fur et à mesure que se rapprochait le moment fatidique de franchir la porte de sa maison pour son retour au boulot. À 33 ans, cette personne continue d'être une enfant-roi anxieuse demeurant pétrie des peurs inoculées par la mère durant toute son enfance, et dont les réactions devant les frustrations s'apparentent en même temps à celles dont peut faire preuve un enfant de 3 ans. Boudeuse et vindicative dans sa relation de couple, elle punit son conjoint dès le moment où la conduite de ce dernier va à l'encontre de ce qu'elle désire. Aux prises avec des toxines affectives inoculées tout au long de son enfance par une mère surprotectrice, elle présente donc à la fois les caractéristiques de l'enfant-roi anxieux et dominateur.

## Conclusion

En guise de conclusion à cette présentation de différentes plateformes éducatives propices au développement de l'enfant-roi, je voudrais vous proposer un exemple davantage détaillé que tous les précédents et ce, pour trois raisons bien précises. Dans un premier temps, vous convaincre que la présence d'un enfant-roi ne nous condamne nullement à la fatalité, particulièrement lorsqu'il parvient au terme de son adolescence. Même s'il nous est évidemment plus facile d'apporter les correctifs éducatifs lorsque notre enfant est en bas âge et que son agressivité est de faible intensité, il existe tout autant de réelles possibilités d'y parvenir ultérieurement pour autant que nous soyons prêts à l'acharnement ainsi qu'à l'affrontement de nos craintes personnelles, telles une tendance à la culpabilité ou à l'anxiété devant la probabilité d'une perte temporaire de son amour envers nous.

Dans un second temps, je veux vous permettre une meilleure compréhension de la contribution simultanée de plusieurs facteurs, soit ceux de l'enfant unique, de la surprotection et du conjoint substitut dans le développement d'un enfant-roi d'abord anxieux puis ensuite dominateur. Et finalement, vous donner l'occasion de suivre pas à pas toute la construction de la dynamique personnelle d'un parent, préparatoire à l'éducation de ce type d'enfant par la compensation de ses blessures affectives. Vous aurez ici l'opportunité d'identifier si votre propre histoire personnelle contient des blessures affectives vous exposant à une telle probabilité.

Commençons par l'analyse du vécu personnel de la mère afin de bien circonscrire la dynamique de départ. Ma patiente naît dans une famille dont la dysfonction est assurée à la fois par un père alcoolique et violent ainsi que par une mère aux prises avec une nette tendance à la méchanceté dans ses attitudes éducatives. Ils se séparent alors qu'elle est âgée de 4 ans et jamais plus ne verra-t-elle son père ; la mère interdit en effet la poursuite de cette relation dans le but d'assouvir son besoin de vengeance envers un conjoint non respectueux de l'entente financière survenue pour le paiement de la pension alimentaire, faisant d'ailleurs intervenir le service de police chaque fois qu'il tentait d'entrer en communication avec sa fille.

La mère de ma patiente s'engage dans une seconde relation de couple l'année suivante avec un partenaire tout aussi violent physiquement, conduisant ma patiente à subir le traumatisme répétitif de telles scènes. Lorsque ce dernier meurt subitement quelques années plus tard, la mère, maintenant âgée de 37 ans, s'engage alors dans des activités sexuelles et quotidiennes avec de nombreux partenaires « recrutés » parmi les adolescents du quartier. Ma patiente est alors âgée de 14 ans.

Développant rapidement une jalousie maladive envers sa fille suite à des commentaires constants de ses partenaires sexuels à l'effet qu'ils préféreraient des relations avec sa fille plutôt qu'avec elle-même, la mère l'enferme dans la garde-robe de sa chambre durant ses ébats amoureux afin de s'assurer que sa propre fille ne devienne davantage désirable. Cette mère intensifie le piétinement de la personnalité de sa fille en ajoutant à son arsenal de destruction des messages à l'effet qu'aucun homme ne saura la désirer, qu'elle est fondamentalement laide et que ceux-ci sont d'ailleurs des êtres dangereux dont il vaut mieux se tenir éloignée

Comme il en est fréquemment le cas dans de telles situations, la jeune adolescente débouche rapidement sur une compulsion de l'alimentation en guise de compensation aux carences vécues ; cet excès de nourriture lui procure non seulement plaisir et satisfaction en remplissant son vide affectif mais également une obésité lui servant de rempart hautement sécurisant à la fin de sa puberté dans le sens où elle la met à l'abri de tout désir sexuel de la part de la gent masculine, dont la peur l'habite dorénavant.

Parvenue à l'âge adulte, elle s'engage craintivement dans une première relation de couple avec un partenaire alcoolique dont le comportement de violence mentale poursuit la destruction de l'image et de l'estime de soi déjà frêles qu'elle possède d'elle-même. Le choix d'un tel partenaire indique bien sûr la présence d'une forte tendance autopunitive à l'intérieur de laquelle elle assure la reconduction inconsciente des relations de violence subies dans son enfance, convaincue que c'est tout ce qu'elle mérite. Il s'agit là d'une règle caractérisant la vie affective : la présence d'une image ainsi que d'une estime de soi détériorées conduit le plus souvent à des choix de partenaires dysfonctionnels dont la conduite oblige à des efforts pour se nourrir de quelques miettes d'affection.

Incapable de pourvoir à ses propres besoins qu'elle ne connaît d'ailleurs pas et toujours convaincue de ne posséder aucune valeur, elle développe la psychologie du sauveteur pour amorcer dès lors un travail d'éducation et d'éveil de la conscience de ce partenaire en difficultés afin de le conduire à l'épanouissement personnel. C'est à l'intérieur de cette dépendance affective qu'elle passera les 14 prochaines années de sa vie et qu'elle travaillera à la modification de la personnalité de ses deux partenaires successifs dans le triple but de fuir sa souffrance intérieure, de trouver un sens à sa vie et de recevoir en retour quelques miettes d'affection. C'est d'ailleurs ce qu'elle a retenu inconsciemment de son enfance : lorsqu'on ne possède aucune valeur, on doit agir de façon à ne pas obtenir ou à mériter fortement le peu que l'on reçoit.

Une fille naît de cette première relation et ce sera là son seul enfant. Ma patiente conserve un net souvenir de la promesse faite à cette petite, jetant ainsi les bases de la plateforme éducative de son enfant-roi : alors que cette dernière n'est âgée que de quelques secondes et présente encore quelques taches de sang et de liquide amniotique sur son corps, elle reçoit de sa mère cette promesse, faite à haute voix : « Maman te fait la promesse qu'elle sera toujours là pour toi et que jamais elle ne t'abandonnera, quoiqu'il advienne ! ». Voilà mise en place la dynamique de compensation affective qui allait devenir son unique grille de référence pour toute décision future relative à l'éducation de sa fille.

Elle s'enferme dès lors dans une relation symbiotique, en parfaite fusion avec sa fille, à l'intérieur de laquelle elle la gave de toute l'affection dont elle est capable et dont elle a été privée, dans le but d'être enfin aimée par quelqu'un. Évidemment, la nature de cette relation allait causer des dommages.

Non seulement cette enfant devenait le conjoint substitut de ma patiente, mais tous ses besoins, désirs et caprices allaient devenir comblés, pavant de la sorte la voie au parfait développement d'un profil d'enfant-roi. De plus, tel qu'il en est fréquemment le cas dans ce genre de situation, la jeune fille allait être emprisonnée dans une relation de surprotection au point où, parvenue à la puberté, elle partage à sa mère qu'elle étouffe sous son affection et qu'elle aimerait bien disposer de plus d'espace pour quitter de temps à autre la maison et se joindre à ses groupes d'amies.

L'enfant demande à sa mère, pour ainsi dire, de la libérer. Vous remarquerez ici qu'en aucun temps la jeune fille ne s'oppose avec colère à sa mère. Connaissant trop bien les besoins d'affection de sa génitrice et nourrie par la peur d'éprouver de la culpabilité s'il lui advenait de la blesser, c'est donc avec anxiété qu'elle fait cette demande de libération. Si cette jeune fille avait été habitée par des pulsions agressives intenses, nul doute que la révolte aurait eu lieu sans aucune attention apportée à la mère et que seul le profil de l'enfant-roi dominateur aurait vu le jour.

À l'aube de ses 15 ans, cette enveloppe étouffante est telle qu'elle retarde le développement non seulement de son autonomie, mais également celui de son corps alors que les règles ne sont pas encore apparues. Cette réaction de nature psychosomatique (terme définissant l'apparition de problèmes physiques d'origine affective) est une hypothèse plausible lorsque l'on considère les conséquences importantes de toute perturbation affective sur l'équilibre hormonal du corps. Pour les férus de psychanalyse, je souligne que cette réaction porte le nom d'hystérie de conversion.

Au fil des séances thérapeutiques, ma patiente prend graduellement conscience des torts que son besoin d'affection ainsi que ses tendances à la surprotection et au contrôle maternel risquent de causer à sa fille, soit sa parfaite soumission à ses besoins ainsi que le développement possible de l'angoisse et de la culpabilité. Consternée et sous le choc de cette prise de conscience, elle libère pour ainsi dire et rapidement sa fille de son emprise par la permission qu'elle lui accorde maintenant de côtoyer ses amies à son gré. Les règles apparaissent la semaine suivant la décision de la mère.

Il est bien évident que jamais cette relation de cause à effet entre ce facteur affectif de la libération de l'enfant et l'apparition des règles ne pourra jamais être démontrée «scientifiquement», chiffres et analyse statistique à l'appui. Mon expérience clinique m'a cependant conduit à trop de constats de cette nature pour en ignorer l'existence.

Parallèlement à cette libération de l'enfant et au maintien d'un encadrement minimal de sa conduite, ma patiente s'engage dans une seconde relation de couple avec un conjoint présentant lui aussi une problématique alcoolique, indiquant que le scénario de sauveteur l'animant depuis son adolescence demeure toujours aux commandes de sa personnalité et de ses choix de partenaires. La poursuite de son cheminement thérapeutique lui permet cependant l'accession à une conscience davantage aiguë de la présence ainsi que de la nocivité de cette conduite de sorte qu'elle intensifie ses changements personnels en se délestant des responsabilités ne lui appartenant pas, tout en apprenant pour la première fois à s'occuper d'elle.

Affrontant la culpabilité intense et la sensation d'égoïsme générées par le développement du respect de soi, elle devient davantage centrée sur ses propres besoins pour s'épanouir lentement mais sûrement tant au plan affectif que physique alors qu'elle apprivoise ce corps délaissé et bafoué depuis l'enfance. Elle perd du poids de façon significative et développe de saines habitudes alimentaires.

Elle met fin à cette seconde relation de couple après plus de dix ans de vie commune et ce, malgré les sentiments amoureux continuant de l'animer pour cet homme. La raison l'emportant sur la passion, elle préfère le respect de soi à la négation de soi, à la soumission puis à la prise en charge d'autrui tel qu'il en a été toujours le cas. Après s'être procurée seule une demeure dans laquelle elle emménage avec sa fille, elle expérimente quelques relations dans le but de trouver un nouveau partenaire de vie tout en insistant constamment auprès de sa fille pour qu'elle daigne respecter les moments recherchés d'intimité : dans une inversion de la dynamique mère—enfant, la mère subit maintenant l'emprise de sa fille et doit demander le respect de son propre espace vital.

Dans cette recherche d'un nouveau partenaire, elle parvient à un engagement de qualité avec un homme dont la conduite lui procure enfin l'affection et la tendresse dont elle a toujours été privée à ce jour et ce, sans qu'elle n'ait maintenant d'efforts à fournir. Cet homme, sans enfants, affiche une structure de personnalité nullement inspirée par le laxisme. Affirmatif à souhait, d'un jugement relativement sûr et capable de rationalisation devant une situation hautement émotive, il prend graduellement le pouls de la relation entre sa partenaire et son enfant pour tenter graduellement de la sensibiliser à la régence de sa fille. Suppléant aux faiblesses résiduelles de l'affirmation de soi chez la mère, il enjoint cette adolescente, maintenant âgée de 20 ans, de modifier ses attitudes de non-respect envers sa mère et de collaborer à la vie familiale en se responsabilisant davantage. La table était mise pour le drame à venir.

La jeune fille a maintenant accédé au monde du travail, semant à tout vent la frustration du maigre salaire qu'elle reçoit tout en ignorant bien sûr l'absence de toute formation pour une compétence donnée. Dépensant tout son maigre salaire dans la satisfaction de ses désirs et caprices, endettée à souhait, cette enfant-roi s'engage plus à fond dans une seconde relation de couple pour, en bout de piste, élire domicile dans la demeure familiale en vivant en bonne partie au crochet de ma patiente et dans un territoire qu'ils se sont maintenant approprié. La mère s'adapte à cet envahissement par une remise en place de son scénario de sauveteur pour devenir au service du jeune couple pendant des mois durant, en assumant la totalité des tâches ménagères : madame régresse pour ainsi se retrouver aux prises avec un scénario identique à celui ayant marqué les premières décennies de sa vie, c'est-à-dire au service des autres.

Les actions d'éveil de conscience de son conjoint parviennent enfin à la sensibiliser à sa soumission envers sa fille, mais contribuent simultanément à l'émergence d'une intense dualité. Dans un premier temps, la colère émerge pour nourrir une opposition de plus en plus farouche au despotisme de son enfant qui développe à son tour une relation d'opposition avec le conjoint en question dans le but évident de l'évincer du portrait et de conserver le pouvoir qu'elle détient sur sa mère. Le trio s'installe ainsi dans une dynamique où chacun cherche littéralement à avoir « la peau » de l'autre.

Dans un second temps, le discours hautement manipulateur de cette enfant-roi, dont la mère est devenue le valet, parvient à semer le doute chez cette dernière qui songe plutôt à évincer son conjoint dont elle commence à douter de l'honnêteté des intentions ; en effet, le discours de l'enfant parvient à convaincre la mère que ce dernier vise en fait à s'approprier seul sa compagne de vie. Agitée à souhait devant cette armée d'affects contradictoires et saturée de devoir se battre depuis des décennies pour avoir la paix, la mère alterne donc entre la fin de sa relation de couple et l'éviction de sa fille. C'est de cette dualité au plan affectif qu'allait surgir une intense désorganisation chez ma patiente.

Pendant ce temps, son frère entre en scène pour sauter de plein pied dans le cirque de cette guerre de pouvoir. Désirant donner un coup de main à la dégradation rapide de la situation, il succombe en premier lieu sous la manipulation de sa nièce pour abonder en son sens et enjoindre sa sœur à ne pas céder au chantage éhonté de son conjoint. Ses visites répétées lui permettent toutefois de lever le voile sur la déviance de la conduite de sa nièce de sorte qu'il aboutit à la conclusion qu'il revient plutôt à cette dernière de s'amender ou quitter. S'excusant auprès de sa sœur dont il reconnaît maintenant la pertinence du jugement à l'effet qu'elle est aux prises avec une enfant-roi et manipulatrice, il l'appuie finalement dans sa décision de demander à l'enfant de quitter.

Se sentant piétinée par sa fille, envahie par d'intenses sensations de culpabilité et d'étouffement annonciatrices d'angoisse, la mère, de plus en plus agitée, envisage comme première solution un déménagement personnel obligeant par le fait même sa fille à la recherche d'un logement. Revenant sur sa décision en concevant qu'il ne lui revient pas de chambouler toute sa vie comme elle l'a toujours fait afin de satisfaire les besoins des autres, elle intime finalement l'ordre à sa fille de quitter, tout au moins pour quelques semaines, en lui soulignant avec colère que pour une fois, la décision ne lui revenait pas! Cette colère, lui permettant enfin de surmonter la présence de culpabilité, s'intensifie toutefois au point de lui faire perdre contrôle et de vociférer à sa fille tout ce qu'elle avait accumulé. La jeune fille quitte en furie pour séjourner dans la famille de son ami de cœur, tout en lançant à sa mère : « Tu es contente... vous avez gagné ! ».

Au fur et à mesure de la diminution de la colère chez ma patiente, la culpabilité émerge à nouveau pour provoquer son effondrement en pleurs au travail. Soudainement, des pulsions suicidaires émergent et une démarche d'urgence auprès de son médecin traitant permet un diagnostic de dépression majeure, ce qui est inexact, et une médication d'antidépresseurs en guise de cataplasme à la résolution de la situation.

Les pleurs et les sanglots traduisent maintenant une totale désorganisation. Une rencontre d'urgence avec ma patiente me permet de constater immédiatement la présence d'une culpabilité morbide et d'une confusion marquée du processus décisionnel : elle est incapable de supporter sa décision alors que l'intensité de la situation commande pourtant d'agir ainsi, ce qui maintient l'angoisse et la culpabilité à leur maximum d'intensité. Tous les affects se bousculent à la porte de sortie : de la colère qui supplante la culpabilité, ma patiente passe ensuite à l'inverse où c'est maintenant la culpabilité qui élimine la présence de sa colère.

Lors de cette même rencontre émergent des réminiscences (souvenirs affectifs pénibles, provoqués par un événement douloureux lié au présent) l'amenant à replonger de nouveau dans la souffrance de son passé.

C'est alors qu'elle exprime avec une grande douleur son incapacité absolue à supporter la trahison de sa promesse faite à haute voix à sa fille alors qu'elle n'était âgée que de quelques secondes. Cette trahison entraîne une détérioration immédiate et souffrante de l'estime de soi pour permettre l'émergence de deux autres souvenirs tout aussi pénibles l'un que l'autre. Le premier est lié à l'événement ultime du rejet de sa mère lors de son retour d'une soirée entre amies, à l'âge de 16 ans. La porte était barrée et sur le balcon gisaient deux sacs d'ordures contenant tout son linge. À la porte, elle pouvait lire ceci : « Tu n'es plus ma fille ». Le second souvenir lui rappelait une autre promesse faite à elle-même, celle de briser la transmission du rejet de génération en génération.

Le laxisme éducatif dont elle avait gavé sa fille dans les buts de compenser ses blessures affectives et d'être aimée par elle la conduisait maintenant à agir auprès de son enfant exactement de la même façon que sa propre mère avait agi à son endroit, c'est-à-dire sa mise à la porte. Cette action, rendue nécessaire par l'emprise et la manipulation de son enfant-roi ainsi que par le refus de cette dernière d'amender sa conduite, avait provoqué le retour brutal de tous ces souvenirs pénibles. L'apparition des pulsions suicidaires doit être comprise ici non pas comme une dépression majeure, mais tout simplement comme l'énorme difficulté à ressentir la présence de la souffrance passée ainsi que par l'incapacité de supporter la culpabilité et l'angoisse associées à sa décision d'évincer sa fille de la demeure familiale, tout comme il en fut son cas.

Une semaine passe et la jeune fille téléphone à sa mère maintenant en congé de travail. Elle explose en larmes pour lui lancer : « Je veux retourner chez ma maman ! ». Vous aurez remarqué ici l'infantilisme du vocabulaire et j'y reviendrai plus loin. La mère maintient sa position et ainsi se termine ce premier appel. Elle en reçoit un second le lendemain ; le ton est radicalement différent alors que l'arrogance de l'enfant est revenue et que la recherche d'une relation de pouvoir refait surface : « Est-ce que ta dépression achève ?... ça va te prendre encore combien de temps ! Ton conjoint est encore là et c'est lui qui a encore gagné ! ».

Entre-temps, des conversations avec les amies de sa fille permettent à la mère de recueillir de l'information sur la généralisation des conséquences de l'égocentrisme et du narcissisme de sa fille. On désire de moins en moins sa présence, d'autant plus qu'elle poursuit le dénigrement de sa mère auprès d'elles en soulignant constamment que cette dernière « ... n'a pas encore réglé ses problèmes ! ».

Quelques semaines après ces deux appels, une rencontre initiée par la jeune fille permet à la mère de noter l'apparition d'une toute nouvelle conduite. Le discours n'est plus accusateur et tout porte à penser à l'émergence d'une conscience minimale de soi. Vous notez probablement ici la relation entre la souffrance vécue, liée au fait d'avoir été évincée de la demeure familiale, et l'émergence de la conscience. Rapportant de nombreux propos reçus de la part de ses amies à l'effet de la déviance de sa conduite et de ses attitudes, la jeune fille partage de plus en plus cette même perception d'elle, au grand étonnement de la mère. Dans une situation financière difficile, en aucun temps, toutefois, ne fait-elle de demandes pécuniaires à sa mère dont la vigilance lui permet de ne pas succomber à sa tentation de lui offrir un retour à la maison ou une aide financière quelconque.

En ce qui concerne plus précisément ce retour probable à la maison, il est clair dans l'esprit de ma patiente qu'une telle demande devra provenir de sa fille et que des conditions des plus strictes devront alors être établies puis respectées dans un tel cas, ce qui surviendra dans les semaines suivantes. L'enfant continue d'assumer seule la lourdeur de ses dettes et affiche maintenant une conduite davantage respectueuse des besoins de sa mère. Les rencontres suivantes confirment la disparition de toute arrogance.

Pour couronner l'aventure, la jeune fille annonce après plusieurs semaines qu'elle est enceinte. La mère réagit avec un parfait mélange de désarroi et de colère. L'analyse indique une nette saturation devant cette autre obligation l'invitant encore une fois à faire abstraction de ses propres besoins pour devenir à nouveau au service de ceux de sa fille en assumant fort probablement l'éducation du nouveau-né qui s'annonce. Après quelques semaines de réflexion et sans subir quelque pression que ce soit de la part de sa mère, la jeune fille décide de mettre un terme à sa grossesse.

Les semaines et les mois suivants permettent un rapprochement significatif entre la mère et de l'enfant au point où toutes deux évoluent actuellement dans une relation d'adulte à adulte, teintée de respect mutuel et d'une grande complicité. La jeune fille reconnaît maintenant et sans réserve sa dynamique d'enfant-roi et c'est avec responsabilité et détermination qu'elle œuvre au raffinement de sa personnalité, non sans difficultés. Un voyage au soleil du sud est d'ailleurs prévu pour toutes deux.

Quelles sont maintenant les principales conclusions à tirer de cette situation pour la psychologie de cette enfant-roi ? Le départ sommé de la demeure familiale devient pour ainsi dire la première conséquence à vie de sa conduite à laquelle la jeune fille doit maintenant faire face. Cette décision de la mère est éminemment pertinente dans le sens où elle vise l'objectif, passablement tardif vous en conviendrez, du passage du stade de l'impulsivité à celui de l'autoprotection, objectif que la mère croyait bien atteint lors du premier appel téléphonique de l'enfant. Le second appel a évidemment annulé cet espoir lorsqu'il a permis à la mère de noter le maintien de ces deux caractéristiques de la manipulation et de la rigidité dans la personnalité de sa fille. L'application de correctifs éducatifs auprès de l'enfant-roi doit en effet, et il s'agit là d'une règle, se poursuivre au-delà des premiers changements ; la raison tient au fait de la rigidité du caractère de ce type d'enfant et de sa résistance à tout changement de conduite

Quant à l'infantilisme de la première remarque de l'enfant, à l'effet qu'elle veut revenir chez sa « maman », sa formulation traduit l'utilisation manipulatrice et culpabilisante des faiblesses de la mère, ainsi que la fixation du développement affectif de la jeune fille au stade de l'enfant de 4 ans. Une telle expression est effectivement loin de correspondre au discours auquel on est en droit de s'attendre de la part d'une adolescente de 20 ans.

Comme la jeune fille a consenti par la suite à quelques rencontres avec moi dans les buts d'accélérer son changement de conduite et d'assurer l'amorce d'une relation de qualité avec sa mère, j'ai pris la liberté de la questionner sur l'utilisation de cette formulation. C'est sans difficulté qu'elle avoue avoir agi intentionnellement de la sorte, suite à sa réflexion visant à cerner la plus grande faiblesse de sa mère en trouvant les mots aptes à provoquer le maximum de culpabilité en elle. On voit ici la contribution des facultés intellectuelles au renforcement de la psychologie de l'enfant-roi, comme tente de l'illustrer la figure 1.

Tout indique ici une résolution positive de la situation. La raison tient d'abord au fait que cette mère a su agir de façon à briser la rigidité du caractère de l'enfant pour ainsi récupérer le pouvoir d'agir sur la situation en affrontant sa vive tendance à la culpabilité et en faisant appel aux ressources de sa propre agressivité, sans jamais verser dans un excès d'abus répressif. De plus, l'examen de sa conduite indique qu'elle a toujours fait preuve de constance et de régulation dans une présence éducative et aimante tout au long du développement de sa fille. C'est ainsi qu'elle a pu compter sur l'excellence des valeurs de base transmises à sa fille, valeurs qui sont ici venues au secours de la situation.

On voit donc que tous les enfants-rois ne plongent pas pour toujours dans l'abysse de la désorganisation et qu'il existe de réelles possibilités d'un retour dans le sentier d'une gestion adéquate de leur vie. Par contre, vous devez demeurer conscients que plus la pulsion agressive est intense, plus la probabilité de succès de tout correctif éducatif s'abaisse proportionnellement.

# 4

# La psychologie de l'encadrement

*En résistant et en s'opposant,*
*l'enfant entraîne et forme sa volonté :*
*en passer les caprices, c'est préparer un tyranneau ;*
*la brimer purement et simplement,*
*c'est en casser peut-être à jamais le ressort.*

Emmanuel Mounier

Le mot éducation vient du verbe latin *« educere »*, signifiant *« conduire hors de soi, faire éclore »*. Dans son sens le plus strict, l'éducation signifie donc la mise en place de conditions aptes à permettre l'éclosion puis l'épanouissement du plein potentiel en devenir de l'enfant. Le succès de cette entreprise repose sur deux grands axes, *l'encadrement et l'accompagnement,* qui sont en fait les deux piliers soutenant toute plateforme éducative de l'enfance à l'adolescence. Comme les deux principaux objectifs de ce livre sont de vous permettre de saisir les pleines dimensions de la psychologie de l'enfant-roi et de raffiner votre compétence parentale par la connaissance des grandes étapes du développement, j'insisterai exclusivement sur les principaux paramètres devant guider l'encadrement éducatif, tout en demeurant pleinement conscient que les éléments retenus sont loin de faire le tour complet de la question. Commençons tout d'abord par examiner quelques concepts essentiels à cette réflexion.

# Les pouvoirs d'être et d'agir

L'encadrement doit bien sûr revêtir une dimension d'équilibre entre ce que l'enfant désire être et faire, d'une part, et d'autre part les exigences éducatives véhiculées au travers nos permissions et nos interdictions. Cet équilibre ne devient atteint que s'il permet *simultanément* le plein développement du pouvoir d'être dont dispose l'enfant à sa naissance, la maîtrise de ses réactions de nature impulsive ainsi que la distinction nécessaire entre les besoins, désirs et caprices. L'utilisation de tout ce potentiel vital chez l'enfant ne saurait atteindre en effet son plein épanouissement que s'il subit un balisage visant à la fois le contrôle de soi ainsi que l'élimination des excès pouvant caractériser sa conduite sous peine de compromettre non seulement la qualité de son épanouissement personnel, mais également celle de sa socialisation.

Toute structure d'encadrement englobe donc la rencontre inévitable entre deux pouvoirs : celui de l'enfant et celui des parents. Et cette « opposition » de pouvoir intrinsèque à toute action éducative atteint bien sûr son apogée lors du passage de l'enfant au stade impulsif de 2 à 4 ans de même qu'à celui de la puberté. En ce qui concerne plus précisément le développement d'un enfant-roi, nous avons vu que c'est effectivement lors de ce premier passage au stade impulsif que tout se joue, compte tenu qu'il s'agit là d'une période marquée par l'intensification de la pulsion agressive conduisant l'enfant à une recherche de satisfaction absolue de son désir d'autonomie ainsi qu'au refus simultané de toute contrainte s'opposant à sa volonté sans limite d'agir comme bon lui semble.

Ainsi, au fur et à mesure de sa croissance, le pouvoir absolu dont dispose l'enfant à sa naissance *doit* se buter à un pouvoir parental s'opposant graduellement au sien : le pouvoir d'agir sur l'enfant. Nous avons donc d'un côté un petit être impulsif, sans aucun contrôle sur ses réactions, aucunement raisonnable et ne supportant aucune interdiction ou frustration de quelque nature que ce soit, alors que de l'autre côté il y a nous avec nos exigences, nos valeurs, nos connaissances, notre morale, notre propre personnalité moulée par notre passé personnel, puis finalement notre conscience, définissant en quelques sortes les principaux outils dont nous disposons pour l'exercice de cette responsabilité ultime d'en faire un être conscient puis épanoui au plan personnel et social. Et c'est à l'intérieur des limites éducatives imposées par l'intermédiaire de ce pouvoir d'agir sur notre enfant que ce dernier devra éventuellement «comprendre», reconnaître et assimiler que tout n'est pas permis dans la vie, c'est-à-dire que le pouvoir dont il dispose doit faire l'objet d'une saine gestion et que certains aspects de la conduite humaine nécessitent une forme minimale de répression puisque l'on doit tous vivre en société dans le respect de la liberté et du pouvoir des autres.

Une seconde conclusion s'impose lorsque nous examinons l'état initial dans lequel naît l'enfant : le pouvoir d'être s'accompagne d'une liberté identique. Jamais en effet n'a-t-on vu un enfant naissant s'interdire l'expression de sa vie intérieure pour quelques raisons que ce soit. Tous les êtres humains naissent avec cette liberté absolue et sans limites d'être, tant et aussi longtemps que les interventions parentales ne viennent pas en définir les contours. En ce qui nous concerne, force est d'admettre que nous disposons tout autant d'une liberté identique, celle d'agir ou non sur notre enfant. Il s'agit là d'un choix qui nous revient pleinement puisque nous sommes les uniques détenteurs de la permission et de l'interdiction éducatives. Le portrait initial auquel s'adresse l'encadrement devient donc le suivant : le pouvoir et la liberté d'être chez l'enfant s'opposent au pouvoir ainsi qu'à la liberté d'agir chez les parents.

Cette rencontre inévitable entre ces deux pouvoirs et ces deux libertés définit le cœur de toute relation éducative dont l'issu doit impérativement déboucher sur un parfait équilibre et il nous revient d'assurer le succès d'une telle entreprise. Tentons maintenant de circonscrire la nature exacte de ces pouvoirs dont il est question ici et auxquels s'adresse inévitablement l'encadrement.

Nous avons vu que la croissance de l'enfant s'étend de la dépendance absolue à l'autonomie, de l'inconscience à la conscience de soi proprement dite et que ces caractéristiques deviennent acquises au plus tard à l'adolescence. Parvenu à cette étape de sa croissance, nous avons aussi vu qu'il doive maintenant assumer seul la tâche et la responsabilité du développement de son identité, définissant l'accession à un face-à-face maintenant conscient avec soi. Même si ce concept nécessiterait une élaboration dépassant largement le cadre de ce livre, l'important est de se rappeler ici que son accession à l'identité signifie que notre jeune devient maintenant pleinement responsable de juger de sa conduite par lui-même, de juger si la façon avec laquelle il se comporte correspond ou non à celle qu'il juge devoir adopter. C'est d'ailleurs la façon avec laquelle nous nous gérons nous-mêmes en tant qu'adultes : lorsque nous apportons ici et là des correctifs à notre conduite, c'est le plus souvent que nous estimons devoir améliorer ou préserver l'intégrité de notre image et notre estime de soi. Or, un tel processus implique justement les deux pouvoirs dont il est question ici, ceux d'être et d'agir sur soi, et la raison en est fort simple : tout comme nous, notre enfant possède maintenant la capacité de faire correspondre ou non qui il est (son pouvoir d'être) avec ce qu'il juge devoir être (pouvoir d'agir sur lui-même, de se modifier lui-même). « ... un homme libre ne doit d'explication qu'à lui-même, à sa raison, à sa conscience... ».[18]

Comme l'enfant possède le pouvoir d'être à sa naissance, mais que le second (le pouvoir d'agir) nous appartient pleinement, un encadrement de qualité exige donc de permettre à l'enfant le plein

---

[18]  Fromm, E. (2000). *L'art d'être*, Desclée de Brouwer, p. 51.

développement du premier puis l'acquisition graduelle du second. Pour que l'enfant puisse toutefois y accéder, nous devons agir de façon à le lui remettre entre ses mains au fur et à mesure de sa progression vers l'autonomie. Cela implique que nous devons lui laisser de plus en plus de marge de manoeuvre et d'espace au fur et à mesure de sa croissance pour qu'il puisse réaliser cet apprentissage de la gestion autonome et consciente de sa personne. Vous voyez donc ici que les objectifs de l'encadrement dépassent de loin le simple contrôle des comportements.

Comme l'enfant ne peut accéder à son identité sans être détenteur de ces deux pouvoirs d'être et d'agir sur soi, il nous reste à cerner les origines véritables de cette notion de pouvoir dont il est question ici, de même que les différentes manifestations de sa présence dans la conduite humaine. Tout pouvoir, quel qu'il soit, puise son énergie dans les ressources de l'agressivité de sorte que toute action d'encadrement s'adresse inévitablement aux dimensions liées à la gestion de cet instinct. Ainsi, éduquer un enfant de façon à lui permettre le plein épanouissement de son pouvoir d'être puis la maîtrise de son pouvoir d'agir éventuellement seul sur sa personne revient non seulement à intervenir auprès des pulsions vitales que recèle son agressivité, mais également auprès des nôtres.

> « *Une des fonctions importantes de la pulsion agressive est d'assurer à chaque individualité à l'intérieur d'une espèce la possibilité de devenir suffisamment indépendante pour se débrouiller seule et ainsi, en son temps, devenir capable de protéger et de supporter les jeunes qu'elle engendrera [...] L'impulsion agressive, qui, pendant l'enfance, permettait à l'individu de se libérer de la domination [parentale], sert, dans la vie adulte, à préserver et à définir l'identité.* »[19]

---

[19]   STORR, A., *op. citée*, pp.76 et 95.

Comme nous sommes tous contraints à titre d'éducateurs à une gestion adéquate du plein pouvoir d'agir que nous possédons sur notre enfant, cela signifie que nous sommes devant une obligation de maîtrise absolu de notre potentiel agressif sous peine de piétiner celui de l'enfant. En d'autres termes, c'est la qualité de la gestion de notre propre potentiel agressif qui détermine en majeure partie celle dont sera capable notre enfant. Vous devez comprendre ici que cette tâche est une composante majeure, sinon la plus importante de notre capacité d'aimer : toute capacité d'amour découle en effet de la façon avec laquelle nous assumons la gestion de notre pouvoir absolu d'agir sur l'enfant, c'est-à-dire sans jamais en abuser, mais également d'une façon qui jamais ne nous soumette au sien. C'est pourquoi l'encadrement éducatif doit nécessairement se faufiler habilement entre la répression et le laxisme. Il s'agit là du « contrat » auquel nous devenons liés lorsque nous décidons d'avoir un enfant et plus particulièrement lorsque celui-ci traverse les deux stades cruciaux de l'impulsivité et de la puberté.

La gestion de l'agressivité est importante au point où elle détermine les deux positions de vie : agir ou subir, agir sur soi, afin de se déterminer soi-même en accordant la priorité à son propre jugement dans l'autodétermination, ou subir, par l'attribution à autrui du plein pouvoir sur notre conduite, comme chez ces personnes dont l'objectif unique est de chercher l'amour des autres dans un scénario de dépendance affective. « Il y a l'avenir qui se fait et l'avenir qu'on fait. »[20] Pour toutes ces considérations, l'examen du rôle de l'agressivité est une facette incontournable de toute analyse visant à cerner les grands paramètres régissant l'acte éducatif. « La véritable éducation renforce la capacité de chacun à continuer de donner un sens à sa vie à mesure qu'elle se développe. »[21]

---

[20]   Alain, *op. citée*, p. 158.
[21]   Furgeson, M., *op. citée*, p. 241.

# L'agressivité et les niveaux de pouvoir

Avec la sexualité, l'alimentation et la survie, l'agressivité fait partie des quatre instincts fondamentaux programmant pour ainsi dire les bases de la conduite humaine et animale. En fait, elle constitue l'énergie dans lequel s'alimentent les trois autres instincts de sorte que sa perturbation affecte invariablement l'efficacité ainsi que l'action de ceux-ci. Du verbe latin *adgredior,* l'agressivité signifie *«aller vers», «se diriger vers»,* pour constituer le réservoir de toute l'énergie dont peut disposer un individu (et un animal). Fréquemment nommée «élan vital» par les philosophes, elle nous fournit donc à tous la force d'agir ou de réagir devant les situations, de passer de la simple volonté à la détermination puis à la maîtrise de notre vie, de nous reproduire, en même temps qu'elle permet la distinction entre les personnes passives subissant les situations et celles agissant avec force dans l'élimination des obstacles pour l'atteinte de leurs objectifs et le maintien de leur intégrité. L'utilisation de l'aspect constructif de l'agressivité se développe proportionnellement à l'amour reçu dans son développement. Si l'agressivité peut ainsi connaître une utilisation positive, elle peut également revêtir une dimension négative dans l'agression ou la destruction des autres ; d'ailleurs, dans le respect de son origine latine, elle peut également signifier *«attaquer».* Le tableau suivant vous indique les types de pouvoir correspondant aux différentes intensités que peut atteindre cette énergie vitale. Rappelez-vous ici que l'enfant naît roi et que c'est sans aucun contrôle qu'il circule librement au travers ces différents paliers. Je m'inspire ici en partie de la nomenclature de la théorie de Rollo May sur la violence.[22]

---

[22]  May, R. (1972). *Power and Innocence,* Norton, New York.

**Figure 2**
**Les 6 niveaux de pouvoir**

- Pouvoir d'être
- Pouvoir d'expression
- Pouvoir d'affirmation (émergence graduelle de la colère)
- Pouvoir de revendication (présence de colère constructive)
- Pouvoir d'agression (émergence de la haine et de la rage)
- Pouvoir de violence

## *Pouvoir d'être*

Fourni par les ressources de l'agressivité et d'origine biologique, le pouvoir insuffle la force de l'élan vital propre à chaque individu. Gardien du dynamisme de la personnalité, l'agressivité soutient la détermination dans la poursuite de ses objectifs de vie en même temps qu'il fournit l'énergie requise par tout affrontement des obstacles ainsi que par les exigences de l'adaptation. Cette énergie est donc à la fois action et réaction. «... le pouvoir — qui dérive du latin *potere,* être capable — est manifestement de l'énergie. Sans pouvoir, il n'y a pas de mouvement... la transformation personnelle confère un pouvoir à l'individu en lui révélant une autorité intérieure... »[23].

---

Ferguson, M., *op. citée.*

Ce pouvoir «d'être capable» oscille entre différents paliers pour atteindre son maximum d'intensité lors de l'accès à la violence. Le «pouvoir d'être» traduit, quant à lui, l'intensité minimale du premier niveau d'énergie vitale que recèle l'agressivité. Par exemple, on dira d'un enfant âgé de 6 mois, couché sur le dos et offrant un spectacle de satisfaction après son repas et son bain qu'il est, tout simplement. Ce pouvoir d'être et de nous assumer tout au long de notre vie est plus qu'une simple caractéristique de personnalité : par définition, «nous sommes» ce pouvoir dont la présence à la naissance s'exprime par l'intermédiaire de la liberté absolue d'être soi.

Le maintien du pouvoir et de cette liberté d'être soi est essentiel à la vitalité mentale ainsi qu'à l'accession à l'identité. Par contre, comme l'enfant naît non seulement dans la dépendance, l'impuissance ainsi que dans une vulnérabilité absolue, mais également dans un état où la gestion contrôlée des différentes intensités de manifestation de ce pouvoir lui est impossible, il nous revient de l'éduquer à sa maîtrise graduelle.

*Pouvoir d'expression de soi*

Tant chez l'enfant que chez l'adulte, ce second niveau correspond à la simple expression de sa vie intérieure. Chaque fois que vous et moi partageons les contenus de notre pensée ou de nos sentiments, nous évoluons à l'intérieur de ce niveau de pouvoir. C'est ici que nous exprimons notre pouvoir d'être avec une énergie minimale, mais légèrement supérieure en intensité au simple pouvoir d'être. Ainsi, lorsqu'un tout jeune enfant traduit sa faim ou sa soif, qu'un adulte s'adonne à une conversation des plus simples, qu'un partenaire de couple exprime calmement ses doléances devant un comportement avec lequel il est en désaccord, toutes ces personnes ne font qu'exprimer un certain contenu de leur vie intérieure. La différence entre ce niveau de pouvoir et le précédent est donc liée au fait qu'il y a un contenu émanant de la personne. Le pouvoir d'expression de soi assure la libre circulation de l'énergie vitale, laquelle peut bien évidemment étaler ici certaines variations en intensité, mais sans jamais traduire la présence de colère.

Il importe de constater ici que ce pouvoir d'expression de soi est également présent à la naissance, au même titre que tous les autres d'ailleurs. C'est en effet et de façon exclusive par le son de la voix que l'enfant exprime en premier lieu sa vie intérieure, de sorte que ce sont les variations en intensité de même qu'en tonalité qui permettent aux parents non seulement la reconnaissance et l'identification de tous les contenus exprimés mais également la distinction entre un besoin, un désir, un caprice ou l'expression de la douleur et de la frustration. Le son de la voix humaine doit donc être considéré comme l'expression de l'émotion pure et c'est pourquoi la respiration est la première fonction vitale affectée par une émotion forte. Ce n'est que lors de l'accession au langage articulé, soit vers l'âge d'un an et demi, que la parole vient s'ajouter au son pour parfaire l'expression de la vie intérieure dans la communication... ou pour préparer la voie au mensonge. L'accès à ce niveau de pouvoir est capital pour la santé affective, l'équilibre personnel et la compétence dans l'intimité. Si la nature a prévu ce pouvoir et cette liberté d'être à la naissance, c'est qu'il y a là une règle devant être respectée tout au long de la vie...sinon, tous les enfants naîtraient muets.

## Pouvoir d'affirmation de soi

Première manifestation significative du pouvoir d'être, ce troisième niveau soutient une manifestation davantage marquée de sa propre existence, de sa propre pensée, de ses propres affects, besoins et désirs, de son propre refus devant certaines situations. L'énergie exprimée est davantage intense que celles des deux niveaux précédents et une teinte de colère émerge, un affect naturel et essentiel à l'adaptation tout autant qu'à l'accession à la détermination. La tonalité de la voix se modifie à la hausse, le regard devient davantage puissant et le corps connaît un début d'agitation.

L'expression de ce troisième niveau de pouvoir est importante pour la protection de son intégrité psychologique et physique, ainsi que pour le respect de soi. L'affirmation de soi traduit également une intensification normale de l'agressivité devant l'obstacle ou en présence d'une situation réclamant une amplification importante et parfois rigoureuse du pouvoir détenu par cet instinct. Sans la disponibilité de ce niveau de pouvoir, l'adaptation affiche de grandes déficiences pour favoriser plutôt la fuite devant l'obstacle ou la soumission à une emprise du pouvoir des autres sur sa propre vie, comme chez de nombreux adultes issus de la répression éducative et demeurant emprisonnés dans leur dépendance affective.

L'expression et l'affirmation de soi sont donc deux niveaux de pouvoir vitaux pour l'accession à l'équilibre personnel et à ce titre, il est capital que l'enfant puisse les exercer librement et en tout temps, quitte à une utilisation de ce pouvoir pour nous contester. Il faut se rappeler ici que c'est dans et par l'intermédiaire de l'action que nous nous développons. Par exemple, nous avons appris à manger en mangeant, à marcher en marchant, à faire de la bicyclette en faisant de la bicyclette, etc. Comme cette règle naturelle du développement des fonctions et des habiletés physiques vaut tout autant pour les multiples fonctions caractérisant notre personnalité, elle oblige donc à reconnaître que c'est par l'exercice de l'expression et de l'affirmation de soi que l'enfant pourra réaliser leur apprentissage et parvenir à leur maîtrise. À titre informatif, sachez que la répression de l'expression de sa vie intérieure et de l'affirmation de soi est importante au point où elle est à l'origine des difficultés liées à l'angoisse et à la dépression. En d'autres termes, ces perturbations affectives sont le résultat de la négation de sa propre personne et, partant, du refoulement de l'énergie contenu dans notre agressivité.

## Pouvoir de revendication

Quatrième pallier d'intensification de l'énergie vitale, la revendication émerge lorsque l'affirmation de soi se bute à une résistance, dont la persistance peut varier, et lorsqu'elle ne permet plus l'action visée ou la satisfaction du besoin désirée. Ce niveau met en scène différents paliers d'intensité caractérisant l'expression de la colère ainsi que sa disponibilité complète dans l'opposition et la confrontation éventuelles. À ce stade-ci de la manifestation de l'agressivité, le langage verbal et non verbal du corps ainsi que les réactions biochimiques appropriées traduisent la peur de l'impuissance et la proximité conséquente de l'utilisation de l'agression dans le prochain niveau de réaction, advenant bien sûr la poursuite de la situation.

Encore une fois, l'enfant accède librement et naturellement à ce niveau de pouvoir, accessible dès la naissance. Comme l'enfant naît roi et asocial, qu'il ne possède aucun contrôle sur tout ce pouvoir vital qui le définit, il n'existe donc aucune limite à l'utilisation des différents niveaux d'intensité de réactions devant sa volonté de satisfaction de ses besoins, désirs et caprices Les enfants évoluant dans une famille à la dynamique saine ont la permission d'une utilisation de ce niveau de pouvoir pour contester l'autorité parentale dans le but, par exemple, de les aviser, parfois de façon malhabile, de leur désaccord ou d'un malaise qui les habite à cet effet. Ce n'est que lorsque ce pouvoir de revendication voisine de trop près celui de l'agression que l'intervention parentale doit reprendre l'enfant afin de lui imposer le respect dans la poursuite de ce qu'il revendique, non le mutisme. Quant à ceux évoluant dans une famille dysfonctionnelle, jamais ne reçoivent-ils cette permission d'une utilisation du pouvoir de revendication : il s'agit là d'une composante majeure de la loi du silence caractérisant ce type de famille.

## Pouvoir d'agression

Le pouvoir d'agression traduit la faillite adaptative des niveaux de pouvoir précédents, c'est-à-dire lorsque les pouvoirs d'être, d'expression, d'affirmation et de revendication n'ont pas permis l'atteinte des objectifs visés ou l'élimination de ce qui est subi et menaçant. Présentant des variations selon les différences individuelles et définissant un mouvement visant l'appropriation du pouvoir physique ou psychologique *sur* l'autre, il surgit la plupart du temps suite à un blocage sur une longue période de temps, comme par exemple chez les personnes victimes de répression tout au long de leur croissance et qui, parvenus à la puberté ou à l'adolescence, versent dans une rébellion intense pour frapper le plus souvent aux portes de la délinquance. Une fois installée aux commandes de la personnalité, l'agression utilise le pouvoir de la force pour apparaître ensuite et de façon générale dans un délai très court, comme il en est le cas encore une fois chez le délinquant et l'enfant-roi dominateur ou chez les parents qui utilisent la correction physique ou les pleurs dans la culture de la culpabilité chez leur enfant.

Il est par contre fréquent que certaines personnes aux prises avec de telles pulsions d'agression parviennent à leur sublimation, c'est-à-dire qu'elles utilisent la puissance de cette énergie vitale dans le développement d'une grande force de détermination. On dira d'ailleurs d'elles qu'elles sont agressives dans leur façon d'être et de se comporter et que rien ne peut leur résister.

Encore une fois, l'enfant vient au monde équipé pour l'agression, niveau de pouvoir auquel il accède facilement et sans aucun frein tant et aussi longtemps qu'il n'a pas subi l'action socialisante de ses parents. Il est possible d'en observer la manifestation, par exemple, chez l'enfant réclamant en hurlant son besoin de s'alimenter, chez celui qui mord sans aucun souci ni conscience de la douleur qu'il induit ou chez l'enfant de 3 ans qui frappe son petit voisin ayant « osé » mettre la main sur son jouet préféré. Une différence importante anime l'agression et la violence et il s'agit de la notion d'impuissance. Alors que la peur de l'impuissance génère une réaction d'agression, la présence comme telle de l'impuissance suscite plutôt une réponse de violence. L'origine latine du mot agression signifie « *se rapprocher de ...* ». Selon Clara Thompson, le pouvoir d'agression émane d'une tendance innée à croître et à maîtriser la vie, caractéristique de tous les êtres vivants. Elle souligne que ce n'est seulement que lorsque cette force vitale est bloquée dans son développement que la rage et la haine y deviennent associées. « Si la société est en danger, ce n'est pas à cause de l'agressivité de l'homme, mais à cause du refoulement de l'agressivité personnelle des individus. »[24]

*Pouvoir de violence*

La violence apparaît dans la situation où les pouvoirs précédents n'ont pas permis l'élimination de la menace à l'intégrité. Placée en survie, la personne devient littéralement « possédée » par la violence ; toutes les forces de la personne explosent littéralement pour verser dans des pertes d'abstraction (perte de la mise en perspective de la situation en cours), de contrôle et de jugement, trois critères dont la présence est requise pour taxer un comportement de violent. Ce pouvoir ultime répond maintenant à la présence de l'impuissance ainsi qu'à une menace à la survie de sorte que nous en portons tous le germe.

Tout comme il peut en être le cas pour l'agression, l'utilisation de la violence peut cependant connaître une utilisation positive dans la récupération de la dignité personnelle et de l'intégrité psychologique

---

[24]  Winnicott, D. in Storr, A., *op. citée,* p. 79.

ou physique. Tel est le cas de ces personnes aux prises avec un intense scénario de soumission et qui évoluent depuis des années dans une relation de violence conjugale. Elles pourront utiliser les pouvoirs de l'agression et de la violence dans une réaction d'affranchissement de ces conditions menaçantes pour leur intégrité. C'est ainsi que parfois la survie de certaines femmes s'empare littéralement de la situation pour les conduire au meurtre de leur conjoint violent après des années d'esclavage.

L'examen de la notion de pouvoir que recèle l'agressivité permet de conclure que dès la naissance et jusqu'à ce que se développe un contrôle adéquat de cette énergie vitale, le pouvoir de l'enfant circule librement à l'intérieur de ces six niveaux. C'est ainsi qu'il utilise spontanément l'agression ou la violence dans ses relations avec le monde extérieur des personnes et des objets lorsque la recherche de satisfaction de pulsions, besoins et désirs se bute à un obstacle. C'est avec toute la force disponible de cet instinct qu'il affirme donc son existence et il en sera ainsi tant et aussi longtemps que domine le principe du plaisir et que demeurent inopérantes ou non disponibles les fonctions de régulation et de contrôle de ces pulsions par le moi, soit en général jusqu'à l'âge d'environ 4 ans. C'est à partir de cet âge que l'enfant devient en mesure d'acquérir cette régulation et ce contrôle de la pulsion agressive, sous condition bien sûr que nous ayons agi en tant que parents de façon à en permettre l'émergence puis l'intégration. C'est la raison pour laquelle l'âge de 4 ans est une étape charnière pour la poursuite ou l'arrêt du développement de l'enfant-roi.

## Les règles éducatives d'un encadrement équilibré

Maintenant circonscrits les différents niveaux d'intensité caractérisant les principales manifestations de l'énergie agressive, il importe de se rappeler que nos interventions doivent baliser l'utilisation de ce potentiel et de cette liberté d'être chez notre enfant, toujours dans les buts qu'il en acquière la maîtrise éventuelle et qu'il devienne un être social. Mais comme il évolue de la dépendance à l'autonomie, il est bien évident que l'encadrement devra subir des transformations graduelles au fur et à mesure de ce cheminement par une emphase grandissante portée sur l'accompagnement de la réflexion. Reprenons le tableau précédent en y ajoutant des données supplémentaires vous permettant de bien visualiser l'équilibre éducatif.

**Figure 3**
**Les 6 niveaux de pouvoir et l'équilibre de l'encadrement**

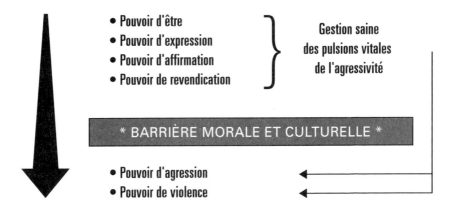

Rappelons tout d'abord que l'enfant naît roi. Dirigé par un principe de plaisir dominant et faisant fi de toute exigence émanant de la réalité extérieure, c'est sans limite qu'il agit de façon à satisfaire ses besoins, caprices, pulsions et désirs. Il ne possède donc au point de départ aucun contrôle sur sa conduite, particulièrement en ce qui a trait aux réactions impulsives devant la frustration, soulignant en cela son intolérance absolue devant les événements lorsque ceux-ci diffèrent de ce qu'il désire et bloquent le moindre objectif poursuivi. C'est pourquoi, avant toute chose, la première étape de l'éducation consiste logiquement à ceinturer ce fonctionnement de façon à forcer le développement du contrôle de soi. *Sans cette condition préalablement remplie, aucune action éducative de quelque nature que ce soit n'est possible* puisque l'enfant maintient une conduite alimentée par cette conviction profonde à l'effet que tout est permis : il lui suffit de désirer ou de commander pour obtenir.

Par contre, nous avons vu que jamais devons-nous abuser du pouvoir d'agir absolu dont nous disposons sur notre enfant, sous peine d'assassiner sa personnalité en puissance, ou céder devant le sien pour favoriser alors la poursuite du développement d'un enfant-roi (dominateur) dont nous deviendrons les victimes puis les otages. Nous pouvons dès lors établir les trois premières règles éducatives favorisant un succès de l'encadrement éducatif.

*Règle éducative #1 : De part et d'autres, ni les parents ni l'enfant ne doivent verser dans l'abus de leur liberté et de leur pouvoir respectifs.*

*Règle éducative #2 : L'encadrement doit permettre la libre circulation de l'énergie vitale contenue dans l'agressivité de l'enfant afin d'assurer le développement puis la maîtrise de son plein potentiel d'être. «Pour vivre pleinement, il faut être.»*[25]

---

[25] Desjardins, A. (1989). *L'audace de vivre*, Éditions de la table ronde, p. 36.

*Règle éducative #3 : L'encadrement doit forcer l'enfant à la maîtrise de son impulsivité en réprimant l'utilisation gratuite de ses pulsions d'agression et de violence, condition préparatoire à une gestion équilibrée de son énergie vitale de même qu'à sa socialisation.*

Le respect absolu de ces trois premières règles éducatives contribue indéniablement à l'efficacité de l'encadrement en vertu du parfait équilibre caractérisant la rencontre entre le pouvoir d'être, propre à l'enfant, et celui que nous possédons d'agir sur lui. L'ajout d'une barrière morale et culturelle entre le pouvoir de revendication et ceux de l'agression et de la violence indique la limite idéale de tout encadrement. Elle représente l'équilibre éducatif parce qu'elle induit chez l'enfant la répression de toute utilisation gratuite de l'agression et de la violence dans ses relations, en même temps qu'elle favorise la socialisation et l'épanouissement de son plein potentiel d'être par la permission accordée d'une utilisation des quatre premiers paliers de pouvoir dans la manifestation de tout son être en devenir. Une telle conduite d'encadrement de notre part permet l'accompagnement de notre enfant dans l'apprentissage d'une gestion saine de son agressivité et des pulsions vitales qu'elle recèle.

Cette figure vous permet également une identification passablement juste des perturbations de l'énergie vitale que génèrent ces deux grandes dysfonctions éducatives que sont la répression et le laxisme. Ainsi, en déplaçant cette barrière morale et culturelle vers le haut ou vers le bas, on obtient une idée assez juste de leurs cicatrices respectives.

Un encadrement répressif étouffe l'éclosion de la personnalité en puissance et signifie donc un déplacement de cette barrière vers le haut, précipitant l'enfant dans une autoprotection dite de «survie». Quittant trop tôt le stade de l'impulsivité, on lui interdit de la sorte le développement des pouvoirs d'expression, d'affirmation de soi et de revendication de sorte qu'apparaissent graduellement les peurs acquises, telles la méfiance, le rejet, l'abandon, le jugement, la honte, chacune génératrice d'anxiété, d'angoisse et culpabilité toxique, sans compter le refoulement pathologique des pulsions vitales de l'agressivité. «Chacun est le gardien naturel de se propre santé aussi bien physique que mentale et spirituelle. L'humanité gagnera davantage à laisser chaque homme vivre comme bon lui semble qu'à le contraindre à vivre comme bon semble aux autres.»[26]

Le développement de la personnalité bifurque alors pour emprunter le chemin menant à la majorité des pathologies : la protection de soi par la peur d'être soi, suivie par la négation éventuelle de soi. En d'autres termes, la répression éducative signifie que inoculons notre enfant de la conviction profonde du danger d'être véritablement lui-même. En agissant de la sorte, nous instaurons une plateforme éducative provoquant une inversion parfaite des conditions prévues par la nature pour le développement de l'identité et de la sérénité : la négation de soi devient garante de sa propre sécurité, affectant de la sorte tout son potentiel d'intimité ultérieure par la certitude que tout ce qu'il peut exprimer risque de se retourner contre lui. Un tel contexte éducatif indique un abus du pouvoir d'agir de notre part, empruntant les couleurs de l'agression puisque nous utilisons alors le pouvoir de la force.

« *Les parents ont toujours détenu l'autorité, mais le pouvoir est quelque chose de différent. L'autorité dirige, le pouvoir contrôle. Le pouvoir représente la capacité d'imposer sa volonté. La personne qui détient l'autorité est respectée ; la personne qui détient le pouvoir est crainte et obéie. Le pouvoir suscite une sorte d'inégalité entre les gens à l'origine de tout conflit ; personne ne veut être soumis au pouvoir* 

---

[26]  Stuart Mill, J. (1990). *De la liberté*, Folio, p. 79.

*d'autrui. Le pouvoir dépouille l'individu de sa liberté, de sa dignité, de son humanité. Les enfants sont particulièrement sensibles aux manipulations du pouvoir jusqu'au jour où ils apprendront à manipuler à leur tour.* »[27]

Lorsque la nature de l'encadrement interdit cette permission d'être dont l'enfant a profondément besoin dans le développement de son plein potentiel et dans l'accession à la maîtrise de sa vie, non seulement notre rigidité devient-elle l'équivalent d'un « mur affectif » infranchissable pour lui, mais elle le convainc que sa pensée ne possède aucune valeur et en fait, qu'elle ne nous intéresse pas et qu'il lui vaudrait mieux se taire. En présence d'un parent qui a toujours raison, l'enfant n'a d'autres choix que d'avoir toujours tort. C'est la différence entre un haut-parleur et un interphone.

> « [...] *ce n'est pas la souffrance des frustrations qui entraîne le trouble psychique, mais l'interdiction de cette souffrance, l'interdiction de vivre et d'exprimer la douleur des frustrations subies, interdiction qui émane le plus souvent des parents et qui a le plus souvent pour but d'épargner leurs défenses. [...] Il n'a pas le droit d'exprimer ses frustrations, il doit réprimer ou nier ses réactions affectives qui s'amassent en lui jusqu'à l'âge adulte pour trouver alors une forme d'exutoire qui vont de la persécution de ses propres enfants par l'intermédiaire de l'éducation jusqu'à la toxicomanie, à la criminalité et au suicide, en passant par tous les degrés des troubles psychiques.* »[28]

Les familles à la dynamique violente ne sont pas les seules responsables de la répression des pulsions vitales que recèle l'agressivité. D'autres familles, animées des meilleures intensions

---

[35]   Miller, A. (1983). *C'est pour ton bien.* Aubier.

[36]   C'est nous qui soulignons.

[37]   Peck, S. (1994). *Ainsi pourrait être le monde,* Robert Laffont, p. 192.

du monde, cultivent des attitudes de pacifisme telles qu'elles s'amalgament à la répression pour générer les mêmes conséquences. Dans l'objectif du développement d'enfants gentils et respectueux de l'autorité, ces familles privent les enfants de tout apprentissage d'une gestion saine de leur agressivité. « À vouloir éliminer l'agressivité, comme le rêve un certain pacifisme..., on fabrique des êtres vaporeux qui, en même temps que la violence, désertent le courage et même l'initiative. »[29]

J'ai tenté de soutenir une personne en congé de maladie pour une troisième fois de suite en 3 ans. Incapable de s'adapter aux changements dans son milieu de travail ou de manifester toute opposition à ce qui lui était imposé comme charge de travail, sa croissance dans ce type de famille l'avait selon toute évidence privée de toute capacité d'affirmation de soi et de revendication ; comme les différentes situations auxquelles elle faisait face réclamaient des réactions de cette nature, mais que toute expression d'agressivité avait été réprimée tout au long de son développement, elle devenait aux prises avec une culpabilité des plus toxiques dès le moment où la colère émergeait en elle. Afin de taire la présence de cette culpabilité, elle n'avait d'autres choix que de demeurer « gentille » et d'étouffer sa colère en acceptant sans mots dire ce qu'on lui commandait de faire. C'était là la raison pour laquelle elle souffrait d'angoisse chronique : elle étouffait sous ce que sa culpabilité l'amenait à subir.

Toujours en référence à la figure 3, l'inverse est tout aussi vrai pour le laxisme. Un développement sous une autorité parentale favorisant cette conduite éducative entraîne un déplacement de cette même barrière vers le bas de sorte que la faiblesse des interdictions devient assimilée à une permission accordée à l'enfant de l'utilisation gratuite et normale à ses yeux de l'agression ou de la violence dans

---

[29] Mounier, E., *op. citée*, p. 264.

ses modes d'actions et de réactions. Aucun passage de la phase impulsive à celle de l'autoprotection ne devient donc possible vers l'âge de 4 ans. Le développement de la personnalité demeure alors fixé à cette phase pour maintenir le cap sur la satisfaction sans limite du plaisir et sur l'exercice du pouvoir sur autrui. La peur, le respect et l'empathie ne voient jamais le jour et vous aurez deviné ici que c'est ce chemin qu'emprunte l'enfant-roi dominateur.

Tout encadrement de qualité implique l'incontournable question de la discipline, dont l'origine latine comporte plusieurs significations liées directement à l'action éducative et il vaut la peine d'en faire la nomenclature. Du mot *disciplina,* elle peut signifier instruction, enseignement et éducation, ou science, connaissance et savoir, ou discipline, ordre, système, école et doctrine, ou finalement principes de morale, règle de vie et traditions. La discipline dépasse donc et largement le simple encadrement des comportements pour forger en fait l'ensemble du caractère de l'enfant. C'est la raison pour laquelle le dialogue et les explications (non pas la justification, demeurant le lot des parents aux prises avec une tendance à la culpabilité ou avec le besoin d'être aimés par leurs enfants) doivent accompagner l'action disciplinaire. À défaut, ce serait négliger que l'enfant est une conscience en voie de devenir et le réduire à un automate obéissant au doigt et à l'oeil à un être soi-disant supérieur, ce qui ne saurait être le cas puisque nous nous dirigeons tous dans la même direction…

La discipline exige donc qu'il faille enseigner à l'enfant les rudiments du contrôle de soi, lié tant au respect de soi que celui des autres, exigeant qu'il nous faille être davantage présents auprès de lui que le personnel de la garderie sinon, il y a de fortes chances que nous ne nous retrouvions pas en lui ultérieurement. Si la garderie possède des avantages indéniables sur la socialisation de l'enfant, malgré ses exigences parfois excessives quant aux demandes faites à l'enfant au chapitre de l'autodiscipline et du conformisme, elle ne doit bien évidemment et en aucun temps se substituer à notre présence éducative.

Cet enseignement dont il est question ici doit évidemment tenir compte de la capacité de raisonnement de notre progéniture. Malgré ses limites évidentes lors de son passage à la phase de l'impulsivité, il est important d'agir de la sorte ne serait-ce que pour l'habituer à cette conduite de notre part. Cet enseignement devient tout aussi important et davantage requis lors de son passage à la puberté, particulièrement en présence d'un comportement de nature impulsive. C'est alors que ce dialogue emprunte les couleurs de l'accompagnement, cette attitude éducative nous permettant de soutenir la naissance de la réflexion consciente sur soi. C'est également ici que nous agissons de façon à transmettre non seulement nos connaissances, mais également les contenus de notre morale, de nos valeurs, de notre expérience et de notre propre conscience.

L'efficacité de la discipline repose sur deux facteurs : la *constance* et la *régulation*. Cela signifie qu'il nous faille faire preuve de cohérence : toute demande ou exigence doit être soutenue, sauf bien sûr si l'argumentation de l'enfant est valable (pouvoir d'affirmation et de revendication). Devant une justesse de ses propos, s'il advenait que nous maintenions notre décision, par orgueil fort probablement, nous serions devant l'obligation de conclure à notre rigidité ainsi qu'à notre tendance nocive à vivre le changement de décision comme une faiblesse ou une défaite et, conséquemment, à une victoire de l'enfant sur nous. Loin de favoriser une relation éducative, nous entretiendrions alors une relation de pouvoir toxique, essentielle à notre bien-être.

Un des premiers indices du succès de la discipline émerge lorsque nous n'avons pratiquement plus à répéter nos « éternelles » demandes au terme de la période impulsive de 2 à 4 ans, soulignant en cela un début d'assimilation des interdits, et lorsque les comportements de nature impulsive devant les frustrations sont en nette voie de disparition, signifiant le plus souvent que notre enfant fait ses premiers pas dans la phase de l'autoprotection et qu'il parvient lentement à cette importante distinction entre les besoins, désirs et caprices. Une telle observation confirme alors les balbutiements de la morale, l'émergence d'une maîtrise minimale de l'impulsivité et l'amorce de la socialisation.

Un second indice de la qualité de notre action disciplinaire apparaît lorsque l'assimilation de ces rudiments de contrôle de soi ne modifie en rien les comportements de recherche et de démonstration d'affection, soulignant en cela le maintien de sa confiance en nous et l'absence de toute peur d'agression de notre part. Un troisième indice, et il est important, est à l'effet qu'il poursuit le développement de sa liberté ainsi que ceux de ses pouvoirs d'être et de contestation. Tous ces indices suggèrent alors et fortement que vous exercez votre pouvoir d'agir sur l'enfant avec équilibre et efficacité.

L'encadrement exige également un séjour satisfaisant de l'enfant au stade de l'impulsivité de 2 à 4 ans et les raisons sont les suivantes. Dans un premier temps, ce séjour de deux ans permet l'apprivoisement des pulsions vitales de l'agressivité ainsi que l'apprentissage de leur gestion sous notre intervention éclairée, générant une sensation intérieure à l'effet qu'une conduite parfois intense est naturelle et adéquate. Devenant graduellement à l'aise avec son énergie agressive, c'est ainsi qu'il pourra en faire une utilisation pertinente tant dans le développement de la détermination que réclame l'atteinte de tout objectif de vie que dans l'utilisation de l'affirmation de soi pour la protection de son intégrité physique et psychologique dans sa vie future. En y pensant bien, comment voulez-vous que notre enfant puisse réaliser l'apprentissage d'une saine gestion de ses pulsions agressives si on ne lui permet tout d'abord pas de l'être ? C'est un peu comme si vous deviez apprendre la conduite d'une automobile sans jamais toutefois qu'on vous permette de prendre le volant. Tout enfant subissant un encadrement privatif d'un apprivoisement de ses pulsions agressives devient ultérieurement un handicapé de l'affirmation de soi pour demeurer un être velléitaire privé de son énergie vitale.

Dans un second temps, un tel séjour permet l'évitement de la naissance de toxines affectives pouvant accompagner l'utilisation de ses pulsions vitales. Plus l'enfant reçoit la permission éducative du développement des quatre premiers niveaux de pouvoir, moins risque-t-il d'établir une équation entre la manifestation de toute la force de son énergie vitale que recèle son agressivité, d'une part, et d'autre part la culpabilité, l'anxiété et l'angoisse, alimentées par la peur de ne plus être aimé.

*Règle éducative #4 : L'encadrement éducatif implique que nous agissions de façon à autoriser l'enfant à l'apprentissage efficace des pulsions de vie que recèle son agressivité, dans le respect des autres et libre de toute interférence potentiellement nourrie par la culpabilité, l'anxiété et l'angoisse.*

Dans un troisième temps, cette période de deux ans lui permet l'accession à une caractéristique majeure et essentielle à l'équilibre ainsi qu'à la maîtrise de la gestion de sa personnalité, celle du pouvoir d'affirmation par le « non ! ». Réfléchissons quelques instants : qui d'entre nous ne possède pas ici et là quelques difficultés à dire « non ! », que ce soit par crainte de la colère d'autrui, par peur de ne pas se sentir aimés ou d'éprouver une sensation de culpabilité à l'effet de blesser l'autre ? Dans un tel cas, n'avons-nous pas cette impression parfois pénible de faire abuser de nous et de subir le bon vouloir des autres ? De toute façon, si la nature, dans sa sagesse, a prévu que tous les enfants du monde naissent avec cette caractéristique du «non!» de l'âge de 2 à 4 ans, c'est qu'il doit y avoir là une règle de vie, sûrement pas un hasard ou un dérèglement de la croissance commun à tous!

L'émergence de ce «non!» entraîne bien sûr avec lui ces fameuses périodes de crises, sources d'interrogations quant aux interventions qu'elles peuvent requérir et de gêne ou de honte pour les plus sensibles à la perception d'autrui lorsqu'elles ont lieu en présence d'une galerie de spectateurs. Il importe tout d'abord de savoir que ce phénomène de la crise n'est pas vraiment nouveau; présente depuis la naissance, elle ne fait que s'intensifier et se modifier lors du passage de l'enfant à la période impulsive, compte tenu des moyens de contestation et d'opposition dont dispose maintenant l'enfant dans son autonomie physique. Ainsi, lorsqu'il était âgé de 4 mois, par exemple, seul les pleurs et parfois le hurlement lui étaient disponibles; maintenant qu'il est âgé de 2 à 4 ans, ces manifestations s'accompagnent de la parole et parfois d'une agression physique sur les objets de même que sur les personnes.

Notre attitude parentale face aux crises doit se soumettre aux impératifs découlant de l'importance d'un séjour satisfaisant de l'enfant dans la phase impulsive. Ainsi, lorsque la situation n'est en rien perturbée par la crise, par exemple quand il réclame haut et fort son éternel verre d'eau avant de s'endormir et qu'il s'assure d'en «siroter» le contenu le plus lentement possible au point où nous devenons exaspérés, rien ne sert de réprimer la conduite en question, du moins pour un certain temps. Sauf qu'après le verre d'eau, c'est terminé! L'enfant se met au lit pour la nuit et toute autre tentative de manipulation pour retarder le coucher doit être ignorée, sinon réprimée et ce, peu importe l'intensité de la réaction probable de nature impulsive.

Par contre, lorsque la crise survient dans une situation dont la nature ne peut soutenir l'étalage de la contestation et du désir de pouvoir de l'enfant, la conduite doit être réprimée sur le fait. Par exemple, on aura réveillé l'enfant pour le retour à la maison et notre petit roi n'est nullement disposé à se vêtir; après quelques minutes de «discussions» et de «négociations», on aura alors tôt fait de l'habiller, quitte à l'immobiliser «physiquement» s'il le faut pour le contraindre à subir notre décision. Fondamentalement, il s'agit donc d'une question de jugement tout en gardant à l'esprit l'importance majeure d'accepter ici et là l'opposition de notre enfant à notre volonté: sa capacité future de décider de ce qui est bien pour lui et de s'opposer à ce qu'il juge nocif en dépend. «Former la décision, c'est former la personnalité entière».[30]

Il est important que l'enfant puisse recevoir la permission d'entrer en crise compte tenu qu'il s'agit là d'une manifestation, primaire et impulsive il va sans dire, de son refus contestataire et revendicateur de tout pouvoir venant contrer l'exercice du sien et l'atteinte de ses objectifs. Cette conduite, une fois raffinée, lui sera non seulement précieuse à l'âge adulte mais essentielle à la protection de ses territoires physique et psychique. Ainsi, tant que la crise en cours n'affecte en rien le sens et le déroulement des événements, qu'elle demeure en deçà d'une agression sur les personnes ou sur les objets, il n'y a aucun problème à laisser notre petit «lionceau» rugir sa frustration. Et si la crise perdure en dépit de nos appels à ce qu'elle cesse, il n'y a aucun problème à ce que notre enfant aille terminer sa réaction dans une autre pièce. Et il ne faut pas oublier ici que c'est à nous que revient de décider quand il pourra en sortir.

Il nous faut bien comprendre que toute perte hâtive de cette capacité du «non!» joue elle aussi un rôle déterminant et crucial dans le développement des problèmes d'angoisse, notamment. Toutes les

---

[30]  Mounier, E., *op. citée*, p. 189.

personnes privées de cette capacité du « non ! » sont en général devenues des gens sans territoire et qui étouffent sous ce qu'elles subissent, plus précisément sous ce qu'elles autorisent à subir. De telles personnes deviennent les esclaves des besoins des autres et entretiennent une pression intérieure telle qu'elle affecte leur équilibre ainsi que leur santé physique.

Vous serez d'accord avec moi que c'est bien évidemment sur l'énergie de l'agressivité que s'appuie tout le développement de cette séquence affirmative chez l'enfant. De la sorte, toute répression excessive de cette capacité en « non ! » en développement devient l'équivalent d'une répression de son agressivité, de son énergie vitale. Nonobstant la position malheureusement répressive prônée par certaines cultures ou attitudes éducatives à cet effet, l'apprentissage de cette capacité de refus est une condition incontournable de l'épanouissement de toute la force de la personnalité, de la dynamique caractérisant le plein pouvoir d'être soi et de la gestion éventuelle de sa propre destinée, c'est-à-dire de ce pouvoir d'agir sur soi nous permettant de disposer librement de notre personne. C'est en effet par l'acquisition d'un « non ! » intelligent et équilibré que l'être humain préserve son pouvoir de se déterminer lui-même ; dans le cas contraire, il aura tôt fait de donner aux autres le pouvoir sur sa vie.

*Règle éducative #5 : Un encadrement de qualité permet à l'enfant l'acquisition d'une saine capacité du « non ! », exigeant des parents d'y voir une manifestation de toute la force de son caractère, non pas une menace contre leur autorité. Seul le « non ! » nourri par les caprices doit être graduellement réprimé.*

Ce « non ! » de l'enfant doit d'ailleurs lui permettre de l'emporter ici et là sur ses parents qui décident alors d'harmoniser leurs décisions sur ce que manifeste leur progéniture. Une telle réaction ne confère nullement le pouvoir à l'enfant à moins que cette dynamique ne revête les couleurs de la constance : il véhicule au contraire le respect ainsi que la reconnaissance de la justesse de sa pensée et du contenu intelligent de sa demande, de ses perceptions, contribuant de la sorte au développement de la confiance en soi et de l'estime de soi. Sinon, comment voulez-vous favoriser autrement l'éclosion de ces caractéristiques de personnalité ? Si votre enfant a effectivement et objectivement raison dans ses réactions ou dans ses demandes, qu'elles ne traduisent aucunement la présence d'un caprice et qu'elles ne perturbent en rien les événements en cours, pourquoi alors ne pas acquiescer ?

L'éducation ne doit pas définir un lieu assouvissant notre besoin de pouvoir sous peine de faire de notre enfant l'otage de notre narcissisme. Une telle situation provoquerait en lui l'émergence d'une sensation intérieure équivalente à « Mon jugement n'a pas de valeur et celui de mes parents est supérieur au mien.» De là à se fier ultérieurement aux jugements des autres au détriment du sien, il y aura là un pas qui sera vite franchi.

*Règle éducative #6 : L'acceptation du pouvoir de contestation permet à l'enfant de se sentir reconnu dans la justesse de sa pensée, puis aux parents, de cueillir de l'information sur leur compétence éducative.*

*Règle éducative #7 : En aucun temps l'enfant doit prendre le pouvoir sur les parents et en aucun temps ces derniers ne doivent abuser du leur. Par contre, les parents doivent en tout temps demeurer les gestionnaires du territoire familial.*

Dans un quatrième temps, la permission de ce «non!» ouvre toute grande la porte au respect dont nous pourrons être les objets de sa part. Nous le savons tous : le respect s'impose ou se mérite. Sauf que pour le mériter, il faut d'abord l'imposer à l'enfant au travers la peur des conséquences lors de son passage du stade de l'impulsivité au stade de l'autoprotection, mais d'une façon lui permettant de conserver son besoin, non pas son droit, de se manifester par l'intermédiaire de ce qu'il pense et de ce qu'il ressent. Alors là seulement le respect parental devient mérité.

*Règle éducative #8 : C'est le respect de l'éducateur envers l'éduqué qui assure la réciproque. Vous ne pouvez et ne devez devenir les amis de votre enfant que lorsque vous avez d'abord été ses parents.*

Cette ouverture de notre part à la contestation doit s'exprimer non seulement par un changement de conduite, le cas échéant, mais également par la reconnaissance à haute voix de la justesse des propos de l'enfant. C'est pourquoi ceux qui reconnaissent l'errance de leur conduite ou de leur décision doivent également l'exprimer ouvertement à l'enfant. Loin d'être une faiblesse, cette conduite requiert beaucoup d'honnêteté et d'humilité, de sorte qu'elle étale une grande force de caractère. C'est ainsi que le respect de l'enfant se véhicule, par la sanction positive et le renforcement de la pertinence de son jugement. En fait, on n'a qu'à observer les relations qu'entretient notre enfant avec nous pour circonscrire notre personnalité véritable. «Même s'il est parfois douloureux de se rapprocher de la vérité, nous ne devons rien négliger qui puisse [lui] donner ... une chance de nous atteindre.»[31]

Par exemple, si notre enfant s'adresse constamment à nous avec la tête baissée, sans jamais croiser notre regard et qu'il tend au bégaiement, il y a fort à parier que nous le dominons et qu'il nous craint. Encore faut-il que notre conscience nous permette d'être «là», d'être présents d'esprit et d'observer ce langage non verbal,

---

[31] Furgeson, M., *op. citée*, p. 152.

parfait miroir de notre conduite abusive. «L'attention lucide à autrui est [...] un des meilleurs auxiliaires de la connaissance et du perfectionnement de soi.»[32]

L'ouverture à la contestation fait de nous des gagnants. Non seulement génère-t-elle une souplesse renouvelée de notre adaptation, mais elle devient une reconnaissance respectueuse et aimante de la pensée de l'enfant ainsi qu'une stimulation de son pouvoir et de sa liberté d'être. De plus, ce que l'enfant exprime devient autant d'occasions pour nous de raffiner notre action éducative et de peaufiner les aspects requis de notre conduite. En aucun temps l'autorité parentale ne doit prétendre détenir la vérité. Dans un tel cas, nous demeurons rigides, égocentriques, centrés sur nous-mêmes et sans aucune conscience des conséquences toxiques de notre attitude. Nous agissons alors de façon à satisfaire nos propres besoins de pouvoir, probablement pour combler l'absence de ce dernier dans la gestion de notre vie.

En effet, plus nous aurons été jugés durant notre croissance, plus les remarques de notre enfant pourront stimuler notre sensation et notre crainte résiduelle d'être encore jugés, d'être encore inadéquats. Si vous êtes habités par cette pénible sensation de jugement lorsque votre enfant vous fait une remarque, vous risquez de prendre des décisions orientées vers l'évitement de tout jugement plutôt que vers le respect de ce que réclame la situation. Ainsi, pour vous protéger, ou vous imposerez la conduite et le silence, ou vous cultiverez le laisser-faire. Dans le premier cas, votre enfant devra alors apprendre à protéger votre sensibilité au jugement plutôt que de dire la vérité. Vous l'éduquerez alors au mensonge pour lequel vous le punirez ensuite. «Quand dire le vrai est puni, le non-dit devient une preuve de respect»[33] et d'aliénation puisque l'enfant

---

[32]  Mounier, E., *op. citée*, p. 377.
[33]  Cyrulnik, B. in Enjolet, C. (1999). *En danger de silence,* J'ai lu, p. 11.

commence à appartenir à quelqu'un d'autre qu'à lui-même. Dans le second cas, vous favoriserez le développement d'un enfant-roi dominateur. Retenez dans l'ensemble que plus vous recevez les paroles de votre enfant (et des autres personnes) comme une information sur vous, non pas comme un jugement, plus vous raffinez votre compétence éducative en utilisant cette perception qui vous est proposée dans l'approfondissement de votre connaissance personnelle et plus vous assurez la croissance de votre personnalité en même temps que celle de votre enfant. Qu'on le veuille ou non, la culture du respect exige une constance de l'honnêteté envers soi et les autres.

J'ai l'habitude de prendre l'exemple suivant afin d'illustrer la différence fondamentale entre les deux types de respect pouvant animer la relation d'un jeune avec ses parents. Prenons deux adolescents de 16 ans passant chacun la soirée chez un ami. Il a été entendu que le retour devra s'effectuer au plus tard à 23 heures. Or, voici que les deux jeunes deviennent absorbés par leurs jeux vidéos au point où chacun rate l'autobus de 22 heures 25, assurant de ce fait leur retard à la maison. Les deux s'empressent donc de loger un appel téléphonique auprès de leurs parents respectifs.

L'enfant côtoyant depuis sa naissance une autorité parentale cultivant la peur anticipée, la rigidité et l'intolérance à l'erreur, devient immédiatement envahi par l'anxiété découlant de la peur des conséquences, notamment une réaction agressante de la part de cette autorité ainsi qu'une punition qu'il devra fort probablement subir pour son retard. C'est donc avec beaucoup d'appréhension et de crainte qu'il étale toute une série de justifications dans un but d'atténuation de la colère parentale anticipée. Quand au second enfant, issu d'une famille dont la dynamique nourrit un encadrement favorable à l'expression et l'affirmation libres de soi, qui demeure ouverte aux critiques et pour qui l'erreur possède la même valeur que le succès, soit celle d'une information, c'est motivé par toute une autre crainte qu'il s'empresse de loger son appel : la peur que ses parents s'inquiètent. Alors, faites votre choix...

Examinons maintenant l'épineuse question de la relation entre l'encadrement et l'intervention physique, à distinguer bien évidemment de la correction physique, une expression facilitant l'acceptation sociale d'un geste primaire et barbare servant à déguiser en fait que l'on frappe ou bat tout simplement l'enfant. Pour ce faire, revenons aux caractéristiques de la psychologie de l'enfant-roi, particulièrement en ce qui concerne ses caractéristiques de déficience morale et du maintien de sa conduite impulsive.

Nous avons vu que jamais n'a-t-il été soumis à suffisamment d'interdictions aptes à induire l'apprentissage d'un contrôle minimal de son impulsivité et son accession à une culpabilité saine, à l'empathie et au respect des autres. Dans un autre ordre d'idée, j'ai également souligné que lors du passage de l'enfant au stade de l'impulsivité, l'immaturité de sa pensée ne lui permet pas l'accès à la logique et à la réflexion proprement dites. Ainsi, à titre d'exemple, lorsqu'il mord son petit frère ou sa petite sœur ou qu'il s'amuse régulièrement à jeter par terre toute la nourriture servie, on constate rapidement l'inutilité de nos interventions répétitives et conséquemment la poursuite de sa conduite. Il doit donc y avoir au point ultime une intervention de nature physique à moins que l'on ne soit prêt à répéter éternellement les mêmes demandes jusqu'à ce qu'il ne nous entende plus.

Que l'on soit d'accord ou non, l'impulsivité de même que l'immaturité de la pensée de l'enfant ne nous laissent pas le choix : l'intervention physique fait partie de « l'équipement » éducatif, compte tenu de l'incapacité de l'enfant de toute forme efficace d'autogestion et d'autodiscipline jusqu'à sa sortie de la période impulsive. Tel que je le mentionnais dans les lignes précédentes, c'est à nous que revient la tâche de distinguer pour lui ce qui est bien de ce qui ne l'est pas et de nous assurer qu'il en assimile éventuellement les contenus. Jamais ou très rarement l'enfant peut-il parvenir seul à cette distinction.

*Règle éducative # 9 : Nos permissions, nos interdictions de même que nos interventions physiques sont la morale et la conscience « temporaires » que l'enfant n'est pas encore en mesure de se donner par lui-même.*

Qu'on le veuille ou non, être parent signifie demander, répéter, exiger puis, s'il le faut, imposer, séquence obligeant, au risque de me répéter, à la gestion adéquate de notre propre agressivité. Toutefois, l'exercice de ce pouvoir doit impérativement se limiter à l'arrêt d'agir, une forme d'agression contrôlée. Toute poursuite de ce type d'intervention vers une intensification de ce pouvoir emprunte alors les couleurs de la force et d'une agression toxique détruisant l'intégrité de l'enfant par l'induction d'une culture de la méfiance, de la culpabilité, du sentiment d'infériorité et de la certitude d'être un être méprisable. Cette agression inhérente à la correction physique révèle une incapacité de communication adéquate, ainsi que l'intolérance, l'échec et l'impuissance à générer autrement la satisfaction de nos demandes éducatives et le développement du respect. Cette remarque faite au sujet des animaux est encore plus vraie pour l'enfant : la main est faite pour caresser, non pour frapper. Lorsque la parole disparaît, c'est malheureusement le corps qui exprime.

Il y a toute une différence entre la petite tape symbolique sur le dessus de la main ou sur la cuisse dans le simple but de saisir l'enfant, le fait de l'empoigner doucement, mais fermement dans le but de provoquer un arrêt d'agir et celle qui agresse l'enfant au point de lui faire sauter quelques marches en le conduisant à sa chambre, de le marquer de l'empreinte de notre main, de lui donner la fessée ou, chef d'œuvre d'humiliation, de lui imposer la punition à genoux. Il se développe alors des sensations de trahison, de méfiance et de honte chez l'enfant, dont la présence se traduit par des pensées du type «Si mes parents agissent ainsi avec moi, j'imagine ce dont les autres humains sont capables!» ou «Puis-je continuer à leur faire confiance?». Sachez que la méfiance prend le plus souvent racine dans l'échec de la confiance que nourrissait l'enfant envers ses parents.

Un mot maintenant sur les relations entre l'encadrement et le «chantage». Nombreux sont ceux qui rebutent une telle conduite en vertu de l'impression d'abus de pouvoir qu'il véhicule. Il vous faut distinguer ici le chantage pur et simple, visant l'assouvissement du plaisir que procure l'exercice du pouvoir sur l'autre, de ce que je nomme le chantage «éducatif». Les pages précédentes vous ont probablement sensibilisés à l'effet que toute éducation correspond invariablement à une rencontre entre le pouvoir d'être, propre à l'enfant, et celui que nous possédons et *devons* posséder d'agir sur l'enfant. Ainsi, il n'y a aucun dommage causé à l'enfant lorsque nous utilisons un pouvoir éducatif de chantage pour autant que notre objectif soit de nous assurer de l'assimilation de certains interdits par notre enfant et que nous respectons les grands paramètres éducatifs. Un exemple simple serait celui où nous avisons notre enfant qu'il ne nous accompagnera pas pour faire les courses cette semaine compte tenu de sa mauvaise conduite dans cette circonstance depuis quelques temps. Si ce «chantage affectif» vise l'induction de la peur des conséquences ainsi que l'obligation d'un contrôle de son impulsivité, aucun dommage n'est causé compte tenu que l'objectif ultime demeure ce passage de la phase impulsive à celui de l'autoprotection. Nous utilisons alors la suprématie de notre pouvoir d'agir dans un objectif éducatif. La situation devient fort différente si nous lui imposons la même interdiction en vertu de difficultés scolaires, par exemple. Nous le punissons pour celles-ci de sorte que nous favorisons son orientation vers la culture d'attitudes de perfectionniste à l'intérieur desquelles il deviendra un être stressé et compulsif de la performance, fuyant l'échec à tout prix en vertu de la certitude qu'elle véhicule quant à la piètre qualité de sa personne.

Si l'encadrement poursuit les deux objectifs de la maîtrise de l'impulsivité et de la socialisation, il joue également un rôle de premier plan dans l'acquisition d'autres composantes de la personnalité de l'enfant. C'est le cas notamment de l'acquisition du concept de l'autorité et voici de quelle façon prend racine ce processus. Nous avons vu que le passage du stade de l'impulsivité à celui de l'autoprotection est assuré par la peur des conséquences. Comme cette dernière émane des parents, l'émergence de la peur des conséquences signifie en même temps pour l'enfant l'apparition de sa crainte de la réaction parentale. Si nous demeurons fortement répressifs, en interdisant toute expression, affirmation ou revendication, nous agissons alors de façon à fixer notre enfant à la peur de l'autorité. L'inverse est tout aussi vrai : plus nous agissons en favorisant le laxisme, jamais la crainte de l'autorité risque-t-elle de voir le jour.

Par contre, si nous respectons l'équilibre éducatif en permettant l'accession de notre enfant aux quatre premiers niveaux de pouvoir tout en réprimant l'utilisation gratuite de l'agression et de la violence, plus notre enfant quitte la peur initiale de l'autorité pour devenir à l'aise et en sécurité avec elle, sans jamais craindre des réactions de sa part pouvant compromettre sa certitude d'être aimé. Alors seulement la peur de l'autorité fait-elle place à l'amour de l'autorité puisque l'enfant sent intuitivement qu'elle est là pour assurer l'encadrement éventuel de sa conduite : un enfant repris avec amour est un enfant dont le développement s'imprègne d'une grande sécurité parce qu'il sait que ses parents sont là pour l'encadrement dont il a besoin s'il lui advenait d'errer dans ses comportements. On n'a qu'à penser à l'enfant-roi anxieux souffrant de ce manque d'encadrement et qui aimerait bien qu'on agisse envers lui de façon à ceinturer sa conduite. En conclusion, sachez que tous les gestes que vous posez dans l'encadrement de votre enfant déterminent non seulement le contenu futur de sa morale, mais également le concept de l'autorité qui en soutiendra toute l'action.

L'encadrement joue également un rôle prédominant dans le développement de l'image et de l'estime de soi, deux caractéristiques modelant les piliers de l'identité et de la sérénité. Précisons tout de suite la différence entre ces deux concepts : l'estime de soi correspond à ce qu'une personne ressent à propos d'elle-même alors que l'image de soi définit la perception qu'elle possède de son propre fonctionnement. L'estime de soi relève donc de l'affectivité alors que l'image de soi a plutôt trait au domaine cognitif (du verbe latin *cognoscere*, signifiant connaître).

J'aimerais utiliser ici une image vous permettant de bien saisir la façon avec laquelle se construisent ces deux composantes de la personnalité humaine. Imaginez un immense entonnoir, tel qu'il apparaît à la figure 4, dont la sortie est temporairement obstruée et dans lequel vous déposez de minuscules bulles d'un liquide très épais, correspondant chacune à tous les gestes et à toutes les paroles possibles et imaginables émanant de vous et ce, jour après jour jusqu'à la puberté de votre enfant. Au bout de ce temps durant lequel vous aurez bien évidemment rempli l'entonnoir de millions de ces petites bulles, vous insérez un piston de forme conique au haut de ce même entonnoir pour en compresser le contenu de sorte qu'émerge du bout maintenant dégagé une seule goutte de concentré. Cette goutte porte le nom de l'estime de soi, responsable de façonner l'image qu'il aura de lui-même pour imprimer dès lors l'orientation initiale à sa vie. C'est en effet à partir de ce que l'enfant est amené à ressentir à propos de lui-même qu'il construit l'image de soi, non l'inverse.

Retenez ainsi que chacune de vos actions et paroles érige pierre par pierre l'édifice de l'estime de soi chez votre enfant. Or, comme l'examen de la conduite humaine nous permet de conclure que l'affectivité en gère l'orientation de la naissance à la mort, vous avez maintenant une idée de l'importance de tout ce qui émane de vous lorsque vous vous adressez à votre enfant. Aimer un enfant signifie en d'autres termes que nous avons la responsabilité de la production de sensations positives en lui. Et c'est dès le moment où l'enfant ressent intuitivement cette qualité de sa personne qu'il développe alors la confiance en soi, c'est-à-dire la confiance dans son propre jugement et la certitude d'être un être de qualité. C'est ainsi qu'il deviendra habité par cette conviction inébranlable du succès de tout ce qu'il peut entreprendre, sans jamais douter de son potentiel.

## Figure 4
## Le produit de l'action éducative

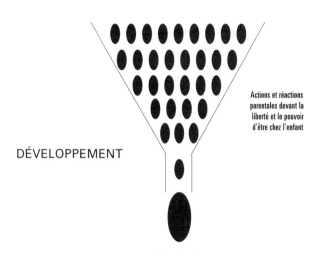

Actions et réactions parentales devant la liberté et le pouvoir d'être chez l'enfant

DÉVELOPPEMENT

Estime de soi. :
Ce que l'enfant ressent à propos de lui-même. Façonne l'image de soi et fournit l'orientation initiale de sa vie

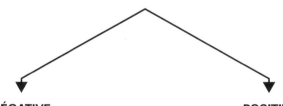

### NÉGATIVE

- PEURS ACQUISES - NÉGATION DE SOI
- DOUTE - SENTIMENT D'INFÉRIORITÉ
- AUTOPUNITION
- AUTODESTRUCTION
- DÉPENDANCE AFFECTIVE
- SÉCURITÉ ASSURÉE PAR LE FAIT DE NE PAS ÊTRE SOI
- PEUR DE L'ENGAGEMENT DANS L'INTIMITÉ

### POSITIVE

- DÉVELOPPEMENT DE LA LIBERTÉ ET DU POUVOIR D'ÊTRE SOI
- BIEN-ÊTRE LIÉ AU FAIT D'ÊTRE SOI
- AFFIRMATION DE SOI
- AUTONOMIE ET INITIATIVE
- CONFIANCE EN SOI
- ACCESSION À L'IDENTITÉ
- ÉPANOUISSENT DANS L'INTIMITÉ PAR LE PARTAGE DE SOI

Finalement, l'encadrement joue un rôle majeur dans le développement de la future capacité d'intimité de notre enfant. Plus il aura reçu la permission d'être, celles d'exprimer les contenus de sa pensée et de sa vie affective, de manifester son désaccord sans que jamais sa certitude d'être aimé ne soit compromise, en aucun temps aura-t-il des difficultés d'expression de soi dans ce domaine de relation. L'inverse est également vrai. Si on lui a interdit toute manifestation véritable de sa personne, qu'il est aux prises avec des tendances à la culpabilité, l'anxiété ou l'angoisse, que l'expression et l'affirmation de soi ont généré en lui la peur plutôt que le bien-être, il aura plutôt appris le danger d'être vu à nu, d'être véritablement lui-même. Maintenant convaincu que tout ce qu'il peut exprimer risque de se retourner contre lui, il aura tendance à bien camoufler sa véritable personnalité, particulièrement ce qu'il ressent.

Voici en somme ce que je cherche à vous faire saisir. En retenant que l'éducation se résume à l'atteinte d'un double objectif, l'épanouissement du potentiel d'être chez l'enfant en même temps que sa socialisation par le contrôle de son impulsivité, et en référence à la figure portant sur les 6 niveaux de pouvoir, il faut retenir ceci : la permission accordée à l'enfant de circuler librement à l'intérieur des quatre premiers niveaux de pouvoir assure l'atteinte du premier objectif, alors que l'interdiction de toute utilisation gratuite de l'agression et de la violence assure le succès du second. Voilà les deux grands axes constitutifs d'un encadrement équilibré.

*Règle éducative #10 : C'est par la répression exclusive de l'impulsivité et des aspects déviants de sa conduite que l'on permet à l'enfant l'épanouissement de son potentiel d'être en même temps que son accession à la conscience d'un autre que lui-même et à l'empathie.*

Ne commettez pas la grave erreur de croire que le seul devoir de l'enfant est de «reconnaître la supériorité de ses parents» et que son seul droit est de «rouspéter contre le fait qu'il n'est pas aussi grand qu'eux!»[34] Ne faites pas l'erreur de considérer les relations parents — enfants sur une échelle verticale, mais bien sur une échelle horizontale: l'amour ne se nourrit pas d'une relation de pouvoir, issue d'une répartition unilatérale entre des êtres supérieurs et inférieurs.

En aucun temps sommes-nous supérieurs à l'enfant: nous avons une responsabilité, celle de préserver son pouvoir naissant et d'en soutenir le développement, non de l'asservir au nôtre. L'éducation, au même titre que la vie d'ailleurs, n'est pas affaire de droits, mais bien de besoins: l'exercice des droits au détriment des besoins soutient l'inconscience et favorise une médiocrité morale asphyxiant le sens véritable des relations. Je crois que si nous étions davantage conscients, responsables et aimants, les besoins de chacun seraient tous satisfaits, permettant de la sorte l'élimination de la société de droits dans laquelle nous sommes tous embourbés. Pensez simplement à ceci: si vous êtes un parent séparé, que vous n'avez pas reçu la garde de votre enfant et que la cour vous a accordé des «droits» de visites, avez-vous en fait le droit de voir vos enfants ou si vous en avez besoin pour votre propre bien-être, pour votre propre équilibre? La même question vaut pour vos enfants: ont-ils le droit de vous voir... ou n'en ont-ils pas plutôt besoin?

Lorsque nous nous nourrissons d'un sentiment de supériorité sur l'enfant, non seulement l'infériorisons-nous, mais nous clamons haut et fort que nous sommes les seuls détenteurs de la vérité. Cette rhétorique éducative cultive le narcissisme parental et piétine la pensée de l'enfant en interdisant toute contestation de son autorité. En ne reconnaissant alors pas qu'il puisse être différent de nos attentes, nous semons en lui le cancer du doute, nous l'inoculons

---

[34]   Olivier, C. (2002). *Enfants-rois, plus jamais çà!*, Albin Michel, p. 138.

du danger de ne pas répondre à nos attentes, nous l'invitons à remettre en d'autres mains que les siennes le pouvoir de décider ce qui est bien pour lui et simultanément, nous nous privons d'informations précieuses à propos des changements que pourrait nécessiter le raffinement de notre action éducative. Une telle situation impose l'injonction du silence, base dynamique de toute dysfonction familiale. Dans l'ensemble, seule la *façon* de contester doit faire l'objet d'interventions : nous avons la responsabilité d'induire le respect au travers la qualité de notre conduite éducative, en aucun temps imposer le mutisme et la négation de soi. Et l'induction du respect passe par la répression initiale des pulsions d'agression et violence, jamais par celle de la parole.

Finalement, la nourriture d'un sentiment de supériorité sur notre enfant revient à ignorer les leçons de l'histoire. Il faut se souvenir de cette époque de la pédagogie noire faisant l'éloge du bienfait de fouetter et d'humilier l'enfant et qui a su préparer avec une minutie remarquable toute une génération de jeunes au déclenchement de la dernière guerre mondiale. Une fois adultes et aux commandes du pouvoir en Allemagne, ils ont alors déplacé puis liquidé contre le peuple juif la rage et la haine accumulées contre l'abus de pouvoir parental de cette époque, puis nourri un sentiment de supériorité de leur race arienne qu'ils ont tenté par la suite d'imposer au monde entier.

Lorsque des sociétés érigent l'agression et le pouvoir de la force en système éducatif, les cellules familiales deviennent toutes de petites usines locales fabriquant chacune en bout de ligne de montage des êtres grugés par le doute, pétris de vifs sentiments d'infériorité et dirigés par la peur d'être eux-mêmes. Le résultat devient alors un peuple dont l'attitude collective affichera une tendance à la réaction impulsive et agressante envers sa progéniture, assurant de la sorte la transmission générationnelle de la perturbation, ainsi qu'une vaste tentative de compensation de cette infériorité par la culture d'un sentiment de supériorité sur les autres peuples. L'absence de pouvoir sur soi devient toujours compensée par l'exercice d'un pouvoir sur autrui. L'histoire fourmille d'exemples à cet effet et le lecteur intéressé à ce thème aurait intérêt à lire l'ouvrage d'Alice Miller[35] sur les racines de la violence dans l'éducation.

En fait, songez plutôt à ceci, inspiré de l'amour :

*« Les enfants doivent être « vus et pas entendus », est une devise typique des familles où les enfants ne doivent pas répondre à leurs parents. ... [Cette norme] des enfants « vus et pas entendus » est peut-être consciente et formulée, mais elle est profondément incivile et malsaine. Non seulement elle implique une obéissance incontestée, mais elle suggère aussi que les enfants sont des êtres inférieurs aux adultes (pas simplement différents), comme s'ils ne méritaient pas d'être écoutés alors que les adultes doivent l'être automatiquement. C'est le contraire d'une devise qui donne confiance. Des dirigeants civils, y compris les parents, comme je l'ai déjà dit, doivent offrir ou partager[36] leur pouvoir aussi vite et aussi largement que possible, dans les limites de l'intégrité organisationnelle. »[37]*

*Règle éducative #11 : L'enfant n'est autre qu'une âme en développement, une conscience en voie de devenir.*

*Règle éducative #12 : C'est la finalité de la vie qui fournit le sens de l'éducation.*

---

[27] Lowen, A. (1983). *La peur de vivre,* Épi, p. 217.
[28] Miller, A., *op. citée,* p. 289

# L'encadrement et le problème de l'enfant-roi

Nous avons vu que l'enfant-roi bénéficie de conditions éducatives laxistes et qu'en conséquence, jamais ne réalise-t-il le passage essentiel au stade de l'autoprotection vers l'âge de 4 ans. J'ai également expliqué que sa fixation conséquente au stade de l'impulsivité bloque l'accès aux autres étapes de son développement de sorte qu'aucune remise en route vers la maturité n'est possible sans l'ouverture de ce corridor d'accès. C'est comme si une porte fermée à double tour bloquait l'accès à un corridor pour se rendre à un endroit vital : peu importe la longueur des discours, les solutions retenues ainsi que le temps consacré à leur recherche, ces dernières devront toutes d'une façon ou d'une autre permettre inévitablement l'ouverture de cette porte à un moment donné ou l'autre.

L'enfant-roi ne désire toutefois pas qu'une telle situation se produise en vertu des frustrations auxquelles il refuse de faire face. La pièce dans laquelle il demeure emmuré lui fournit trop de jeux disponibles et de plaisir pour qu'il en soit autrement. C'est donc aux parents et aux éducateurs, le cas échéant, que revient cette responsabilité dont l'essence se résume à «forcer» le passage du stade de l'impulsivité à celui de l'autoprotection et il ne s'agit pas là d'une mince tâche, croyez-moi.

*Règle éducative #13 : Le passage forcé du stade de l'impulsivité à celui de l'autoprotection définit la norme incontournable de toute rééducation d'un enfant-roi et de la reprise de son processus de maturation.*

Vous vous rappelez sans doute à cet effet que le degré de difficulté augmente en fonction directe du décalage entre cette immaturité de l'affectivité et l'âge chronologique, tel qu'illustré à la figure 1. Il y a en effet toute une différence entre les actions requises pour l'induction de ce passage à l'autoprotection chez un enfant-roi de 5 ou 6 ans et celles s'adressant à un jeune de 15 ans à la musculature déjà bien développée et aux habitudes déviantes bien établies, davantage si ce dernier présente en plus une problématique de consommation ou encore un attrait, voire une implication dans des activités de nature délinquante. L'autorité parentale risque alors de se heurter à une résistance des plus farouches et le plus souvent insurmontable, situation pouvant conduire facilement à des séances d'agression entre lui et ses parents.

À titre d'exemple concret de difficultés auxquelles certains risquent malheureusement de faire face lorsque leur laxisme a permis le développement d'un enfant-roi fortement dominateur, un père me consulte pour des difficultés majeures avec son jeune de 15 ans. Les premières données cliniques indiquent nettement la présence d'un tel scénario. Gâté à souhait, étalant de fortes pulsions agressives et aucunement soumis à quelque cadre éducatif que ce soit depuis sa naissance, ce jeune possède déjà un casier judiciaire bien garni en fonction de nombreux vols et recels réalisés avec ses copains toxicomanes. C'est en arborant parfois un large sourire qu'il entre à la maison à des heures indues avec son butin en main, bien encadré par des policiers surveillant depuis un certain temps ses allées et venues. Les interventions éducatives, mais trop tardives conduisent actuellement le père à des luttes physiques avec son enfant, situation nécessaire semble-t-il pour maintenir chez le jeune l'obligation d'un respect minimal du fonctionnement familial. De l'absence probable d'une petite tape symbolique sur les fesses à l'age de 3 ans, ce père est maintenant réduit à une agression physique en réponse à celle que lui inflige son fils de 15 ans, c'est-à-dire à des coups de poing en pleine figure pour se défendre contre ceux qu'il reçoit. Récemment, ce jeune a d'ailleurs été mêlé de près à une affaire de meurtre d'un adolescent de 17 ans.

Les parents identifiant chez leur progéniture une problématique d'enfant-roi n'ont d'autres choix que d'agir de façon à induire la saturation des conséquences dans les buts de fissurer la rigidité du caractère et de faire voler en éclat l'impulsivité afin de réenclencher la croissance vers la maturation. Peu importe l'âge chronologique atteint, retenez toujours que vous vous adressez à un enfant d'au plus 4 ans d'âge affectif et qu'il vous faut appliquer une pression disciplinaire apte à forcer la répression de la conduite impulsive, que cela lui plaise ou non et provoque en vous une sensation de dureté éducative accompagnée de culpabilité et de crainte de ne plus être aimés par votre enfant. Demeurez par contre conscients de la probabilité réelle d'un échec de votre entreprise si votre enfant est âgé de plus de douze ans et que son impulsivité est intense.

*Règle éducative # 14 : Jamais le besoin d'être aimé par son enfant ne doit fournir une motivation à l'action éducative.*

Dans un second temps, la pression des correctifs éducatifs doit être maintenue bien au-delà des premiers changements observés afin de contrer deux réalités : la puissance de la manipulation résiduelle dont l'enfant-roi dominateur demeure capable ainsi que la faiblesse psychodynamique des nouveaux acquis. On doit se rappeler ici que les automatismes nourris par le plaisir demeurent puissants et qu'il suffit de peu pour qu'ils effectuent leur retour en force.

Nombreux lâchent en effet prise dès l'apparition des premiers changements et cette erreur est le plus souvent nourrie par l'impression de brimer l'enfant. S'il advenait que vos réactions soient trop «musclées», dû probablement à un niveau de saturation parfois compréhensible, il ne faut jamais hésiter à retourner vers lui pour offrir nos excuses et ainsi agir de façon à réinstaurer la communication rompue, tout en poursuivant cependant le discours à l'effet qu'il n'a d'autres choix de voir à l'élimination de ses comportements inacceptables. L'humilité demeure une composante indissociable de la compétence parentale et c'est par son intermédiaire privilégié que se transmettent l'amour, le respect et la conscience de soi. En outre, l'exercice de l'humilité parentale permet l'enseignement de l'importance de la remise en question de soi en tant qu'ingrédient essentiel de toute maturité.

L'efficacité des correctifs éducatifs diffère bien évidemment selon que l'on s'adresse à un enfant-roi ou à un enfant victime de la répression éducative. De fait, ce dernier possède davantage de chances de «s'en sortir» qu'un enfant-roi parce que tout changement le conduit à coup sûr vers le bien-être, vers l'épanouissement de sa personnalité et vers le retour à sa liberté ainsi qu'à son pouvoir d'être, alors que l'inverse absolu se produit pour l'enfant-roi. Dans un premier temps, tous les changements chez ce dernier correspondent non pas à un choix, mais bien à une obligation, ce qui n'est déjà pas une mince tâche, et dans un second temps, ils contribuent à une élévation de la frustration, non pas à l'épanouissement personnel. Du moins, c'est cette sensation qui l'habite, d'où sa résistance.

Un autre problème majeur de tout changement est à l'effet qu'il demeure le plus souvent inconscient des modifications requises par sa conduite pendant qu'il se doit maintenant de considérer comme «mal» et non avenu ce qui lui procure du plaisir. Ce n'est donc pas demain la veille qu'il parviendra à résoudre cette équation. Pour vous donner une idée du degré de difficulté dont il s'agit ici, pensez à ceci : comment vous y prendriez-vous pour trouver dégoûtant votre mets préféré ?

Je veux tout de même préciser ici que ce ne sont pas tous les enfants-rois dominateurs qui étalent l'inconscience de leur fonctionnement à l'âge adulte. Comme tout n'est jamais ni blanc ni noir, certains deviennent parfois conscients de leur problématique en reconnaissant leur tendance marquée au dirigisme et à l'imposition des conduites, ainsi que la contribution de leurs réactions infantiles et impulsives aux difficultés de la relation de couple. Il s'agit là d'une situation épouvantablement dramatique pour ces personnes compte tenu qu'elles deviennent conscientes de leur incapacité de contrôle d'une partie d'elles-mêmes, de leur froideur ainsi que de leur manque d'empathie. Je me rappelle une enfant-roi dominatrice de 38 ans dont l'accession tardive à sa conscience la confrontait à un type de réaction interrogeante à ses yeux : sa démarche visait à comprendre ses nombreuses ruptures de couples ainsi que l'absence constante de pleurs en présence d'événements devant pourtant et objectivement générer de telles réactions.

Un autre danger significatif guettant les parents n'intervenant pas hâtivement pour corriger l'orientation du développement d'un enfant-roi se situe au niveau du rejet de ce dernier. Il m'est fréquent de recevoir le plus souvent des mères aux prises avec la honte et la culpabilité, venant confesser ce rejet de leur enfant. Ces affects s'expriment habituellement sous la forme suivante : « Je ne sais pas ce qui se passe avec moi et j'ai un peu honte de vous l'avouer, mais on dirait que je commence à détester mon enfant ! ». L'explication à cette réaction est la suivante.

Nous disposons tous de ce que je nomme un « réservoir d'amour parental ». C'est avec celui-ci que nous agissons ou réagissons en premier lieu devant la multiplicité des situations auxquelles nous confronte notre progéniture. Compréhensifs et tolérants, nous adoptons des conduites aimantes visant toutes et chacune à soutenir notre enfant dans son développement et dans sa croissance vers l'autonomie, vers la maturité.

Or, ce réservoir se vide lentement et sûrement en présence d'un enfant-roi dominateur compte tenu de son impulsivité et de son agression dont nous sommes les victimes quotidiennes. En bout de piste et selon le principe des vases communicants, ce réservoir devient alors à sec de sorte que nos réactions puisent maintenant dans un second réservoir, celui de nos comportements de survie. Nos propres réactions d'agression s'emparent alors de notre conduite : nous rejetons maintenant une personne qui nous agresse. Nous ne sommes plus un parent et l'autre n'est plus notre enfant : nous sommes agressés par un agresseur qui s'avère être notre enfant. À défaut du respect des grandes étapes du développement ou de correctifs éducatifs hâtifs, les parents d'enfants-rois s'exposent donc à le détester et à le rejeter, au minimum à devoir rompre toute relation avec lui lorsqu'il atteint l'âge adulte, ou à demeurer ses otages dans le cas de l'absence d'une réponse défensive.

Si la désorganisation de l'enfant-roi s'amplifie et que les interventions parentales tournent à vide, que risque-t-il alors de survenir ? Au risque d'être taxé de défaitiste, il faut bien reconnaître que ce sera maintenant la vie qui devra se charger de le conduire à un face à face conscient avec lui-même via les conséquences de sa conduite. Peu importe toutefois les facteurs pouvant intervenir favorablement dans la remise en marche de la maturation de la personnalité, ce sera toujours et invariablement la peur ainsi que la saturation des conséquences qui seront les catalyseurs du changement. Peu importe l'âge chronologique atteint par l'enfant-roi, rappelez-vous qu'il est impératif de retenir que l'on fait face à une maturité affective d'au plus 4 ans ; toutes les solutions recherchées doivent tenir compte de cette réalité à l'effet que l'on s'adresse invariablement à un enfant de cet âge.

Toute action de correction éducative ou de rééducation entraîne inévitablement l'émergence de tensions familiales ainsi que des difficultés importantes aux chapitres de l'anxiété et de la culpabilité chez les parents. À titre d'exemple assez fréquent, que faire en présence d'un enfant-roi dominateur de 6 ans qui, depuis deux ans, refuse constamment de se coucher ou de le demeurer, nous obligeant à le ramener dans sa chambre plus de 15 fois par soirée, qui entre en crise à chacune de ces fois et qui, par surcroît, se retrouve fréquemment dans le lit conjugal à chaque nuit sans que l'on ne s'aperçoive toujours de son arrivée? Vérification faite que l'enfant n'est pas affecté par des peurs déraisonnables ou par un problème de santé, il est clair que vous n'avez pas le choix: vous êtes probablement confrontés à l'utilisation de l'intervention physique pouvant aller jusqu'à apposer une barrure extérieure à sa porte de chambre jusqu'à l'extinction de la conduite.

Plusieurs seront outrés devant une telle intervention et pourront la taxer de répressive. Ils auront raison: c'est ce que réclame malheureusement la situation. Toutefois, il faut *impérativement* expliquer la situation à l'enfant qui «entendra» bien sûr la légitimité de la demande du coucher, mais qui ne pourra en aucun temps y donner suite, compte tenu de l'impulsivité aux commandes de la personnalité. Il faut lui signifier ici qu'il est le seul responsable que la barrure extérieure soit actionnée ou non. Certains parents aux prises avec une telle situation ont finalement, non sans réticence et je les comprends fort bien, accepté d'agir de la sorte, saisissant l'importance de «briser» la conduite de nature impulsive et la rigidité du caractère en voie de développement. Ils ont bien évidemment dû tolérer des heures de réactions verbales et physiques grandement impulsives pour retrouver parfois leur enfant endormi, épuisé de fatigue et de colère, au pied de la porte de sa chambre ou à celui de leur propre chambre dans le cas où la barrure avait été apposée à cet endroit.

Le comportement déviant avait disparu au bout de quelques jours et toute l'ambiance familiale s'était modifiée. Les parents bénéficiaient maintenant de nuits de sommeil reposantes, augmentant d'autant leur tolérance, et la maîtrise de la conduite impulsive chez l'enfant s'était généralisée à d'autres situations. L'enfant n'avait nullement souffert d'angoisse et s'était rapproché d'eux, lesquels l'accueillaient maintenant dans un renforcement constant de ses changements et l'ont fait collaborer au retrait de la petite barrure sur la porte de sa chambre. En outre, le rejet parental avait disparu.

Voici un exemple à la fois simple et exigeant dans sa nature, illustrant le principe parfois nécessaire du correctif éducatif chez un enfant-roi dominateur: la mise en place d'un encadrement serré, voire rigide, propre à ruiner l'efficacité du comportement de nature impulsive puis à induire un changement par la saturation des conséquences pour ainsi dégager le passage au stade de l'autoprotection. Si un tel correctif éducatif vous rebute, vous répugne même, songez qu'il ne s'agit ici que d'un enfant âgé de 6 ans, que vous ne composez ici qu'avec un tout petit retard de deux ans de maturation ! Quelles sont les autres solutions possibles dans une telle situation? Dans un premier temps, il y a l'intensification graduelle de l'intervention physique, laquelle pourra déboucher sur une forme minimale d'agression apte à générer une peur suffisante des conséquences et l'extinction de la conduite. Si cette intervention devait utiliser une grande intensité, sachez qu'elle fera invariablement appel au contrôle absolu de la relation avec vos propres mécanismes d'agression. Puis, il reste la correction physique. Inutile d'insister sur ses dangers. Vous réussirez probablement l'atteinte de votre objectif, mais vous injecterez simultanément des doses massives de méfiance et de colère ou de rage chez votre enfant. Si la révolte voit le jour à la puberté, préparez-vous !

Vous choisissez la tolérance et le laisser-faire devant ce développement de son pouvoir sur le vôtre ? Alors, vous choisissez de vous adresser ultérieurement à un retard probable de dix ans de maturation chez votre enfant âgé maintenant de 14 ans, alors qu'il entre à la maison à l'heure de son choix, assez souvent sous l'influence d'une consommation de psychotropes, et que la direction de l'école vous avise qu'il assiste à ses cours à sa guise, qu'on le soupçonne de cette même consommation durant les heures de classe, qu'il est à la veille d'être suspendu de ses cours et de mériter une référence éventuelle dans une école spécialisée pour des problèmes de comportement. Il risque alors de joindre les rangs d'autres jeunes aux prises avec des difficultés semblables de sorte que vous pourrez assister à l'accélération de sa déviance, pour autant bien sûr que votre enfant éprouve un attrait pour l'agir délinquant, complétant de la sorte son profil psychologique par l'assimilation des caractéristiques propres à la pensée criminelle.

Vous avez un choix à faire : l'utilisation de votre pouvoir d'agir sur votre enfant et l'affrontement de l'anxiété ainsi que de la culpabilité qu'une telle démarche risque de générer en vous, dans la première situation, ou le développement en vous du sentiment d'impuissance et le risque de rejet de votre enfant, dans la seconde, sans compter l'amplification possible de sa déviance et la cristallisation de sa croissance affective. Il faut vous rappeler ici ce que j'ai affirmé à plusieurs reprises dans les pages précédentes : plus le temps s'écoule entre la fixation du développement de l'affectivité au stade de 4 ans et la maturation chronologique, plus les interventions visant la rééducation de l'enfant-roi dominateur se butent à des difficultés grandissantes, pour devenir potentiellement insurmontables au tournant de la puberté.

Alors, que faire dans le cas où votre décision vous a conduit à favoriser la tolérance ? Premièrement, il faut couper toute alimentation du plaisir. Cela signifie qu'il nous faut maintenant éliminer toute facilité en lui donnant par exemple un montant d'argent hebdomadaire suffisant à ses dépenses de base, comme par exemple pour les repas pris à la cafétéria de l'école et pour sa sortie de fin de semaine. Comme m'ont permis de l'apprendre plusieurs parents d'enfants-rois de cet âge, il vous faudra probablement faire attention au vol de l'argent que vous conservez dans votre demeure. Dans un second temps, il vous faudra également lui imposer l'ordre dans sa chambre, car il y a fort à parier que les tiroirs de bureau sont vides, ainsi que des heures d'entrée raisonnables tout en espérant qu'il daignera les respecter. Si votre jeune adolescent n'affiche pas trop de pulsions agressives, il est possible que vous réussissiez dans votre entreprise pour autant que vos demandes demeurent d'une constance sans faille. Dans le cas contraire d'une amplification de sa rébellion, que vous reste-t-il à faire ? Le suivre dans ses déplacements ? Le cueillir de force chez ses amis ? Installer de nouvelles serrures aux portes pour forcer le retour au domicile avant le coucher de la famille ou installer une barrure à sa porte de chambre pour éviter qu'il ne quitte alors que vous venez de sombrer dans le sommeil ? C'est à l'âge de six ans qu'il fallait songer à cette dernière solution...

La situation se complique bien évidemment en présence d'une problématique de consommation. Il préférera sûrement utiliser son petit pécule pour se procurer sa drogue, quitte bien sûr à sauter les repas du midi. Si sa consommation venait à augmenter, le danger du commerce des drogues illicites risque évidemment d'émerger puisque vous limitez maintenant votre soutien financier. Devant une telle situation, j'ai connu des parents ayant dénoncé leur propre enfant devant la justice dans l'espoir de freiner la désorganisation et de stopper son implication dans le trafic. Si certains ont connu des résultats positifs suite à une telle démarche, d'autres ont vu leurs jeunes retourner vitement dans la déviance ou verser dans une hargne marquée envers eux dès leur sortie du centre d'accueil, suivie d'une rupture totale des relations.

*« Impossible de dire combien de jeunes réussissent, après un séjour à Cité[38], à passer à des ressources plus ¨légères¨, empruntant ainsi le chemin d'une vie plus normale. Ce qui est certain, c'est que plusieurs échouent...*

*¨En arrivant ici, j'ai été traumatisé¨, raconte Jean-Carl, grand gaillard de 16 ans. L'adolescent vient d'une famille tout à fait ordinaire, mais depuis deux ans, il avait de gros problèmes de drogue. Dopé, il lui arrivait d'être violent. Ses parents l'ont signalé eux-mêmes à la DPJ. Et Jean-Carl, parce qu'il était considéré dangereux, a été placé pour quelques mois à Cité des Prairies.*

Plusieurs garçons de Cité sont dans la même situation. Certains d'entre eux sont des enfants-rois, à qui papa et maman n'ont jamais rien refusé. Les parents de réveillent, 15 ans plus tard, et ont devant eux un grand gars qui porte des baskets énormes. Qui prend de la drogue, commet de petits délits. Et se moque de leurs directives et de leurs conséquences. Papa et maman se sentent complètement dépassés. Et appellent la DPJ.

En se retrouvant dans un cadre aussi strict que celui de Cité, deux réactions possibles: le choc, réel, que décrit Jean-Carl, et qui amène souvent au changement. ¨Je ne veux plus jamais revenir ici¨, dit-il. D'autres sont plus calculateurs: sous la contrainte, leur comportement est exemplaire, mais une fois de retour chez eux, le cercle infernal des problèmes de comportements recommence[39]. Le jeune vient alors d'embarquer dans le grand train de la protection sociale, à bord duquel certains cheminent pendant de longues années. »[40]

---

[38]  Cité des Prairies, seul centre sécuritaire pour adolescents du Centre jeunesse de Montréal.

[39]  On retrouve ici la *fuite dans l'action partielle*, une des caractéristiques définissant la «Perspective sociale» de la pensée criminelle, présentée au tableau 1.

[40]  Journal La Presse, «Âge: 18 ans. Autonomie: 0», et «Des enfants-rois sous haute surveillance», 1ᵉʳ octobre 2005, page A 29.

# Conclusion

Quels sont maintenant les principaux éléments de conclusion à tirer de toute cette réflexion sur la psychologie de l'enfant-roi ? Il existe un ordre précis dans les étapes de développement que traverse l'être humain de l'enfance à sa maturité. Dans cette évolution de la dépendance à l'autonomie et de l'inconscience à la conscience de soi, nous avons vu que l'enfant naît roi, que toute plateforme éducative doit permettre l'apprentissage du contrôle de son impulsivité ainsi que sa socialisation et que ces objectifs doivent être atteints au plus tard vers l'âge de 4 ans par le passage du stade de l'impulsivité à celui de l'autoprotection, sous peine de favoriser l'émergence de toute une série de caractéristiques autorisant la poursuite du scénario l'enfant-roi déjà en place depuis la naissance.

Nous avons vu également le rôle primordial de la pulsion agressive dans l'action éducative. Non seulement détermine-t-elle à elle seule toute la dynamique de la rencontre parents-enfant mais ses différences d'intensité permettent de cerner l'existence de deux types d'enfants-rois, l'anxieux et le dominateur. En ce qui concerne plus particulièrement ce dernier, grand bénéficiaire du laxisme éducatif, plus les mesures de «rééducation» tardent, plus les chances de le ramener dans le sentier de l'équilibre s'amincissent. Parmi les plus importantes caractéristiques de sa psychologie, il importe de retenir ses tendances marquées à l'impulsivité, à la confusion entre les besoins, désirs et caprices, de même qu'a sa compulsion au plaisir et à l'établissement de relations de pouvoir sur autrui. Ces principales caractéristiques, dans leur renforcement mutuel, soutiennent malheureusement une tendance marquée à l'égocentrisme, l'absence de toute empathie ainsi qu'une structure morale de type psychopathe, élevant la probabilité de son engagement dans une conduite teintée d'agression, de violence et de délinquance potentielle.

Finalement, il faut retenir que toute mesure rééducative auprès de lui se résume à forcer invariablement son passage de l'impulsivité à l'autoprotection par l'induction de conséquences négatives sur sa conduite qui pourront avoir raison de la rigidité de son caractère. Un tel changement dans l'action éducative implique nécessairement des modifications dans la dynamique parentale, notamment l'élimination du phénomène de compensation affective ainsi qu'une gestion adéquate des pulsions agressives, libérée de la tendance à la culpabilité qui en paralyse l'accès. Telle est la condition du retour à l'équilibre des pouvoirs définissant le milieu éducatif et de la remise en route de l'enfant-roi vers la maturation.

L'on doit reconnaître que la présence d'enfants-rois dominateurs, malheureusement de plus en plus nombreux, signifie une certaine faillite de l'encadrement de leur pouvoir en développement, tout autant que dans l'utilisation du nôtre. Il nous faut définitivement assumer une plus grande présence et agir de façon à réprimer chez lui l'utilisation de tout excès de pouvoir, mais d'une façon ne compromettant en aucun temps sa certitude d'être aimé sous peine de générer toute une autre gamme de perturbations portant atteinte à l'éclosion de ses pulsions de vie.

Les centres d'accueil ainsi que les garderies reçoivent de plus en plus de ce type d'enfants, conduisant le personnel à des états d'épuisement généralisé. En outre, de nombreux enseignants indiquent qu'ils doivent maintenant accorder près de la moitié de leur temps de classe à la discipline dans l'espoir de parvenir à transmettre leurs matières ; entre 20 % et 25 % d'entre eux quittent ce domaine de travail au bout de cinq ans pour favoriser une réorientation de carrière, saturés de leur frustration et des agressions dont ils sont les victimes. Lorsque des maisons d'enseignement doivent engager des surveillants, fouiller des jeunes à l'entrée de l'école afin de s'assurer qu'ils ne sont pas en possession d'objets contondants, utiliser quelques fois par semaine des chiens entraînés au dépistage de la drogue puis installer des caméras de surveillance pour repérer les jeunes trafiquants dans nos écoles, le moins que l'on puisse dire c'est que quelque chose ne va plus. Nos maisons d'enseignement pour jeunes adolescents ont atteint la taille de petits villages et sont malheureusement devenues des usines de production de mains d'œuvre. Il serait peut-être pertinent de songer à leur démantèlement pour un retour à des écoles de quartiers, ce qui aurait l'heur de favoriser le retour à un sentiment d'appartenance, une présence éducative de meilleure qualité ainsi qu'un encadrement davantage efficace des élèves en difficultés et de la déviance.

Un autre indice de notre absence inquiétante auprès de nos enfants réside dans cette décision à la fois heureuse et dramatique de permettre aux élèves d'une région du Québec, l'Académie Laurentienne (l'équivalent d'un Lycée privée, en France) de la municipalité de Val-Morin, de bénéficier d'un cours de près de deux heures par jour pour l'apprentissage de la bienséance et du savoir-vivre...[41] Et comme si ce n'était pas suffisant, les recherches d'une compagnie des États-Unis permettent maintenant d'intégrer la technologie GPS dans les téléphones portables destinés aux adolescents dans le but de permettre aux parents de recevoir des signaux leur permettant de connaître l'endroit précis où se trouve leur enfant et à quelle vitesse il se déplace. Entre vous et moi, il ne resterait finalement qu'à appliquer cette technologie de la méfiance et de la surveillance au niveau du couple pour parachever la dislocation des relations.

Qu'on le reconnaisse ou non, notre laxisme a permis l'avènement du phénomène social de l'enfant-roi et un sérieux coup de barre est requis. Il faut vite reprendre notre place et assumer nos responsabilités. Il faut faire confiance en notre jugement et cesser l'attribution trop fréquente de nos décisions éducatives à d'autres que soi, notamment aux personnels de l'école et de la garderie.

---

[41]  Journal *La Presse,* samedi, 3 avril 2004, section Actualités, p. A12.

Nonobstant toute cette réflexion qui vient de vous être proposée, on ne doit par contre jamais oublier le drame animant l'enfant-roi : l'amour excessif ainsi que l'inconscience l'auront abandonné à lui-même, à la tyrannie de sa vie affective. Même s'il devient la plupart du temps insupportable et que son égocentrisme creuse le vide relationnel autour de lui, il s'agit tout de même d'un être humain, aucunement ancré dans la vie et privé des outils qui pourraient lui permettre une gestion adéquate de son existence. Malheureusement facile à détester, l'enfant-roi est un bateau à la dérive, privé de tout gouvernail et guidé par le flot permanent de ses désirs et caprices.

Note de l'éditeur : Pour tout commentaire ou lecture des articles publiés par Gilbert Richer, n'hésitez pas à consulter :

http://www.pouvoir-et-conscience.com ou
http://www.optionsante.com

# Date Due

| | | | |
|---|---|---|---|
| MAR 0 2 2006 | | | |
| MAR 2 3 2006 | | | |
| APR 1 3 2006 | | | |
| APR 2 8 2006 | | | |
| MAY 0 4 2006 | | | |
| MAY 0 3 2010 | | | |
| OBE 05/06/2013 | | | |
| | | | |
| | | | |
| | | | |
| | | | |
| | | | |
| | | | |